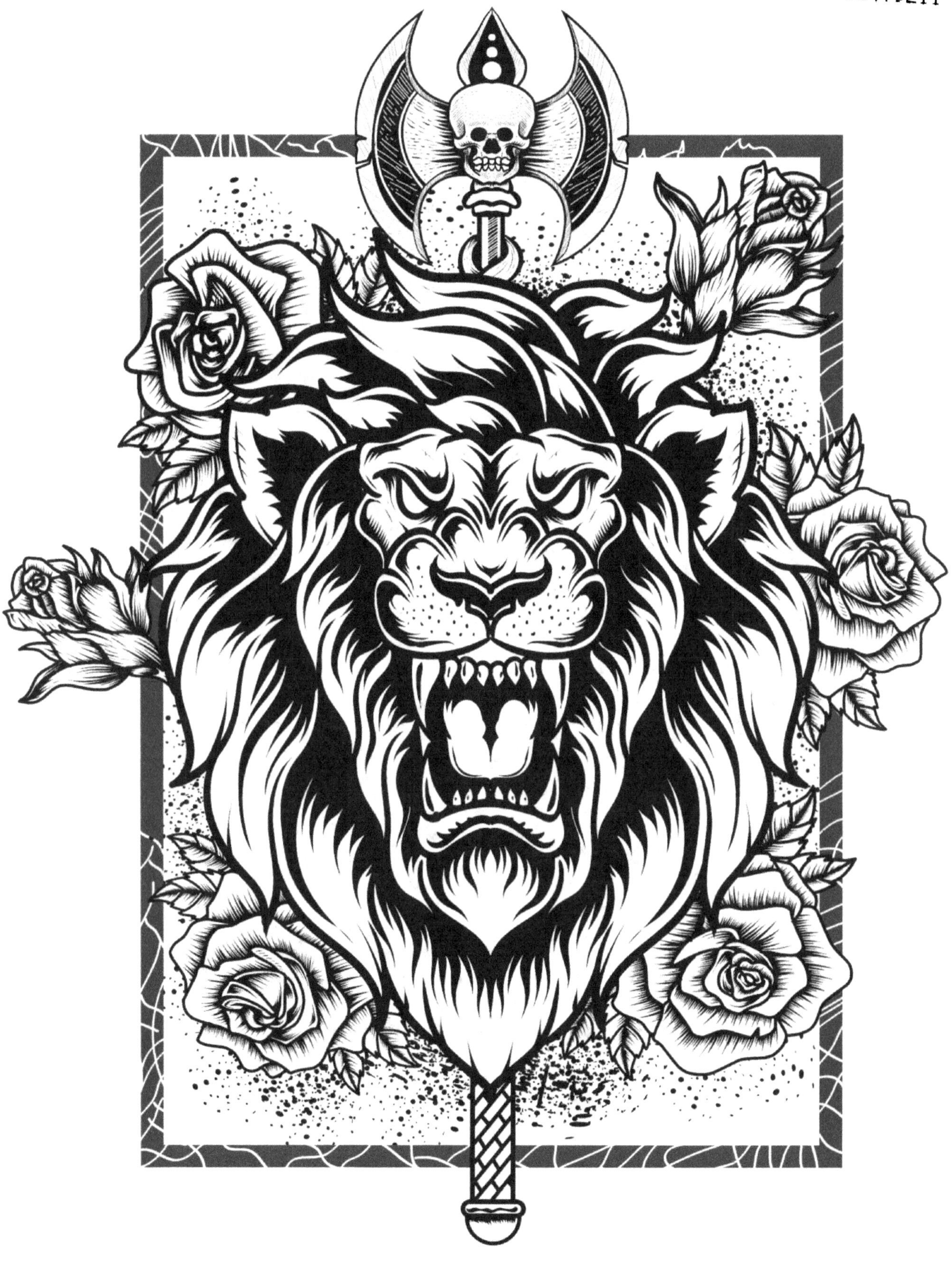

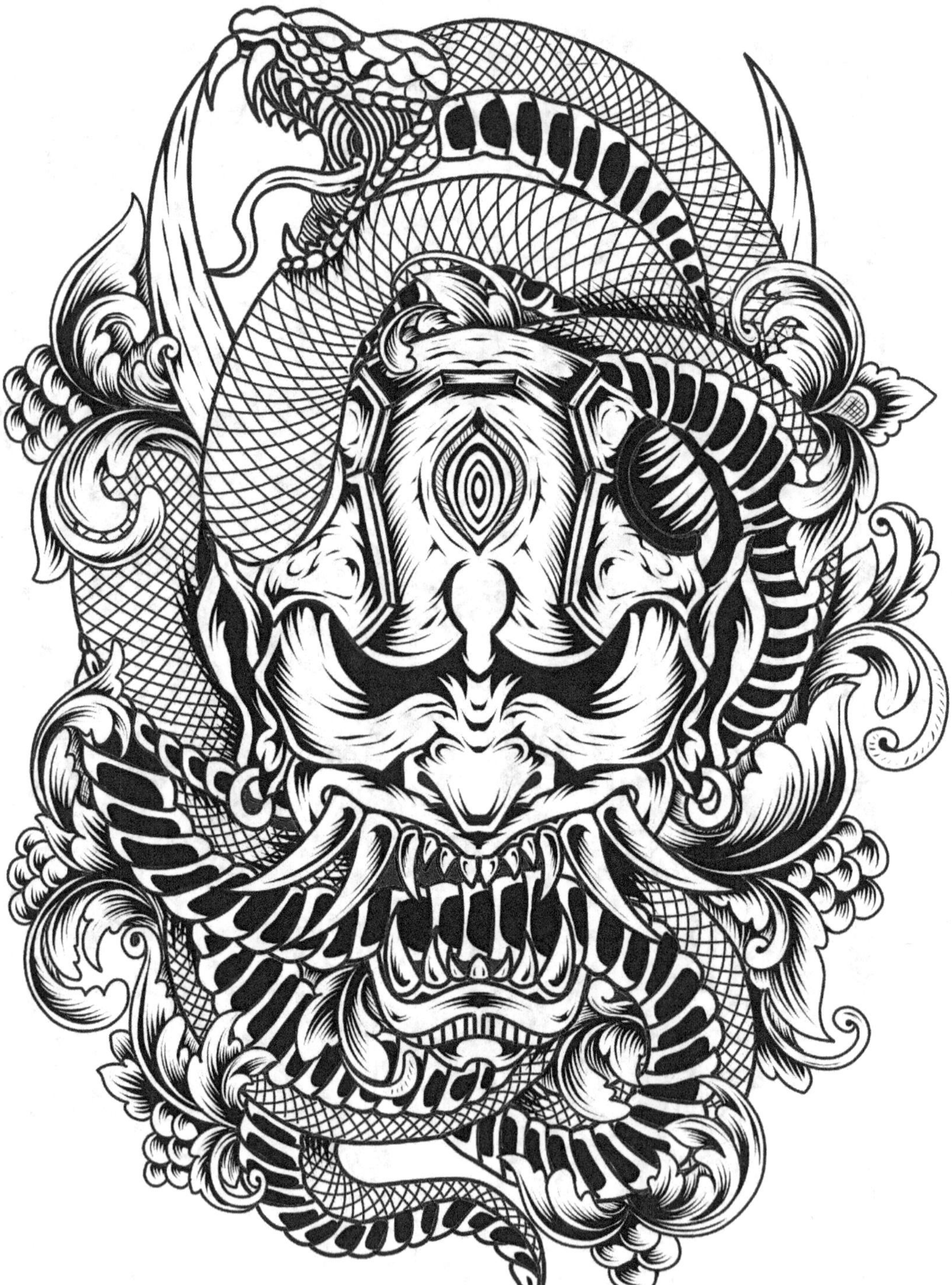

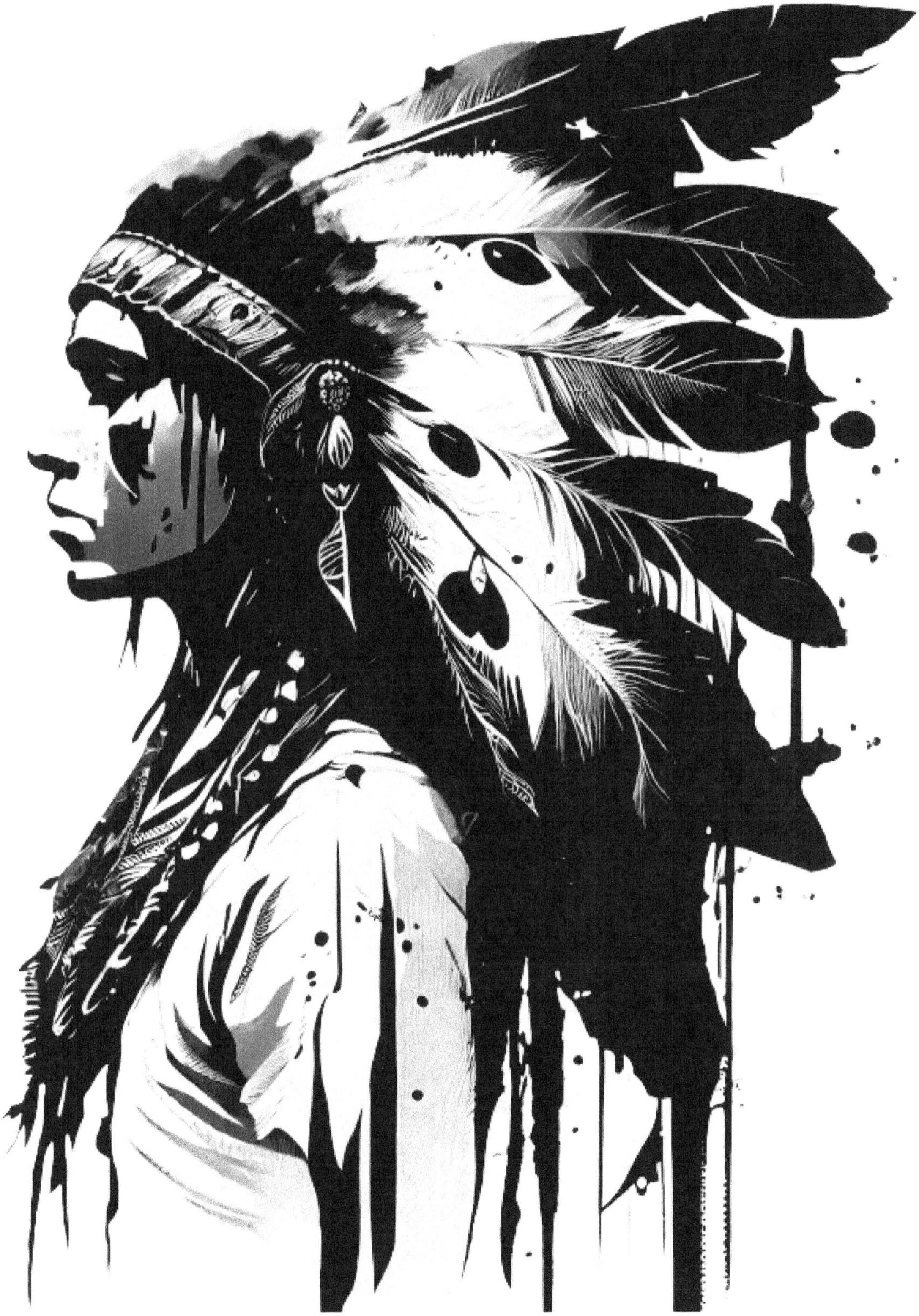

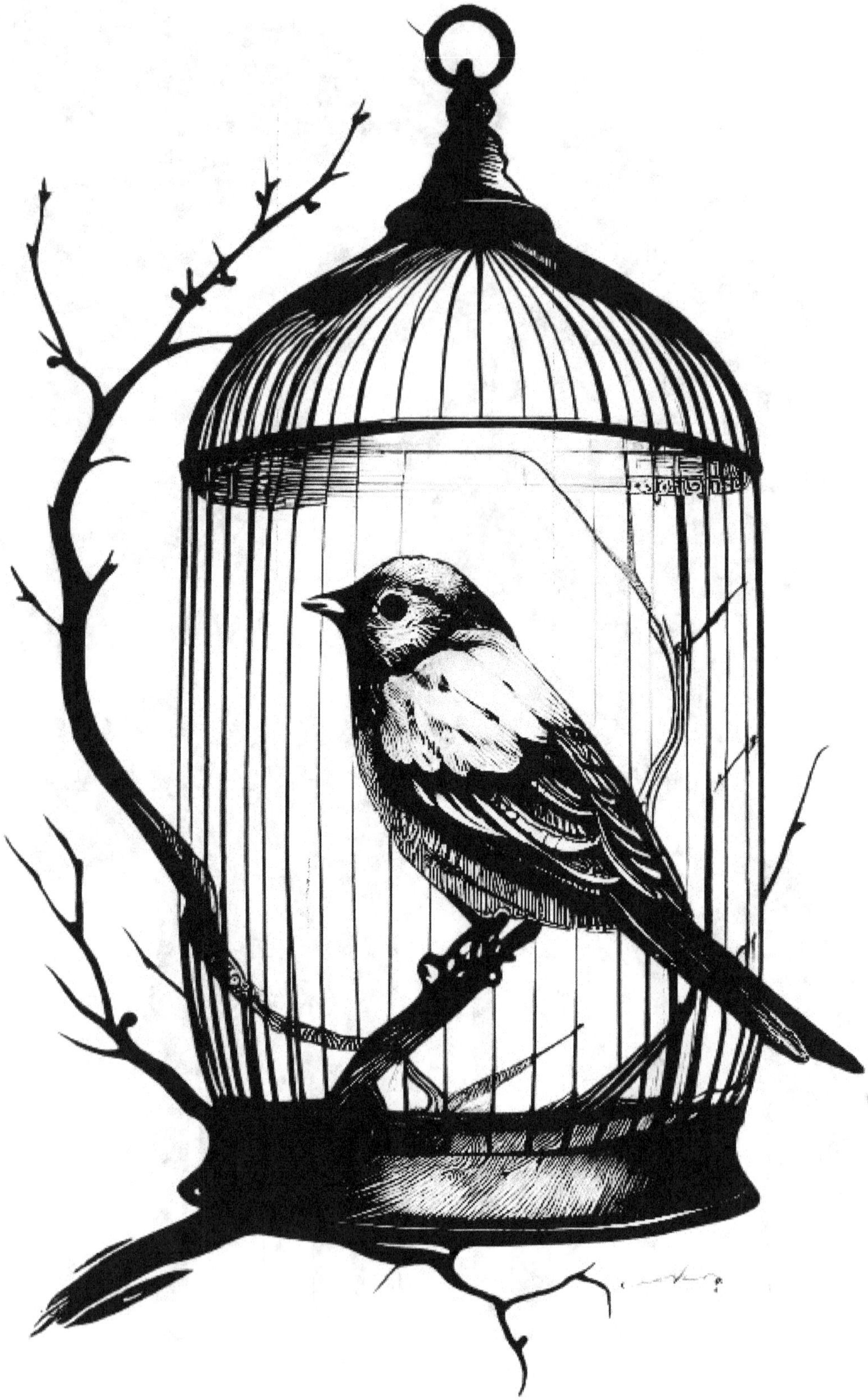

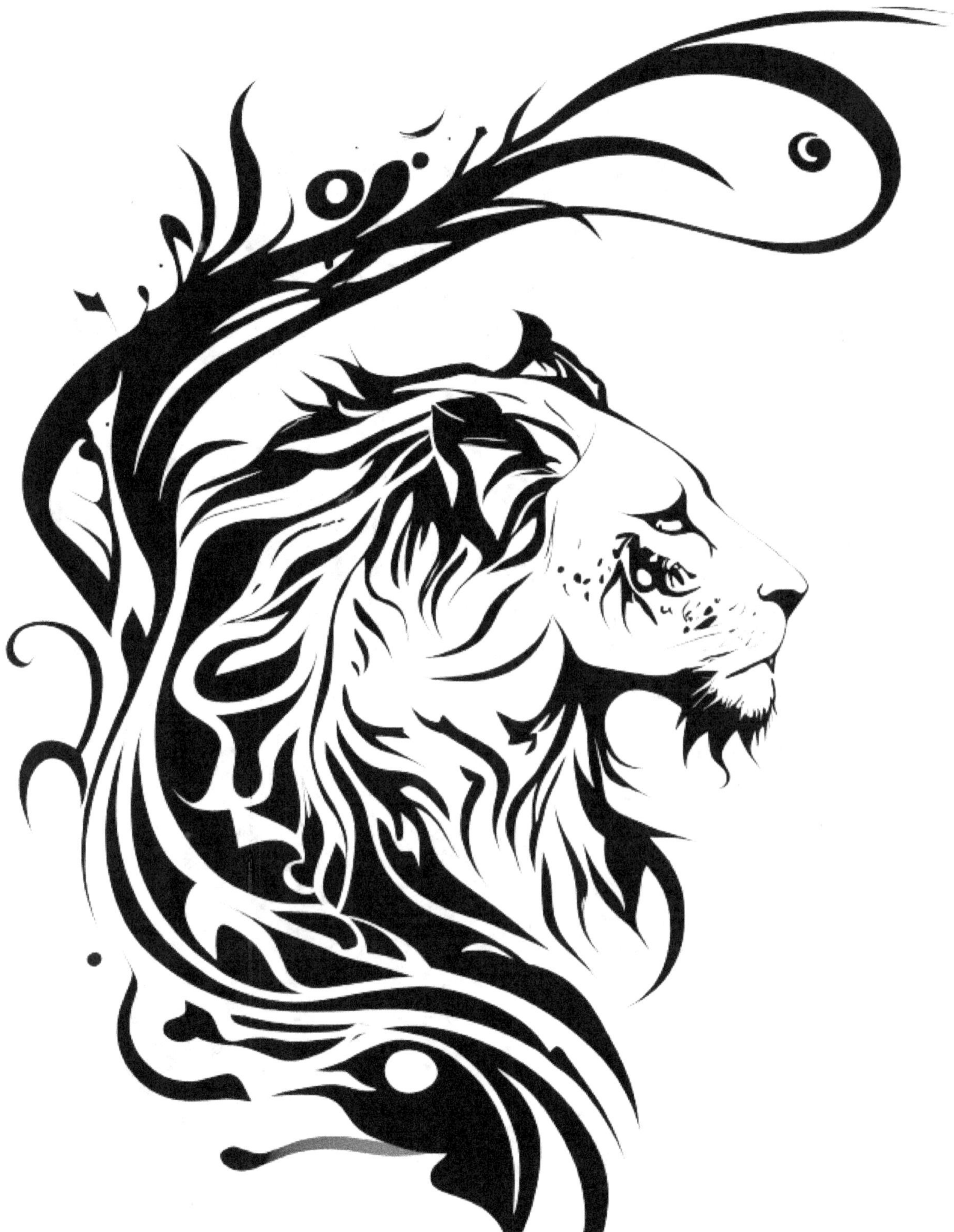

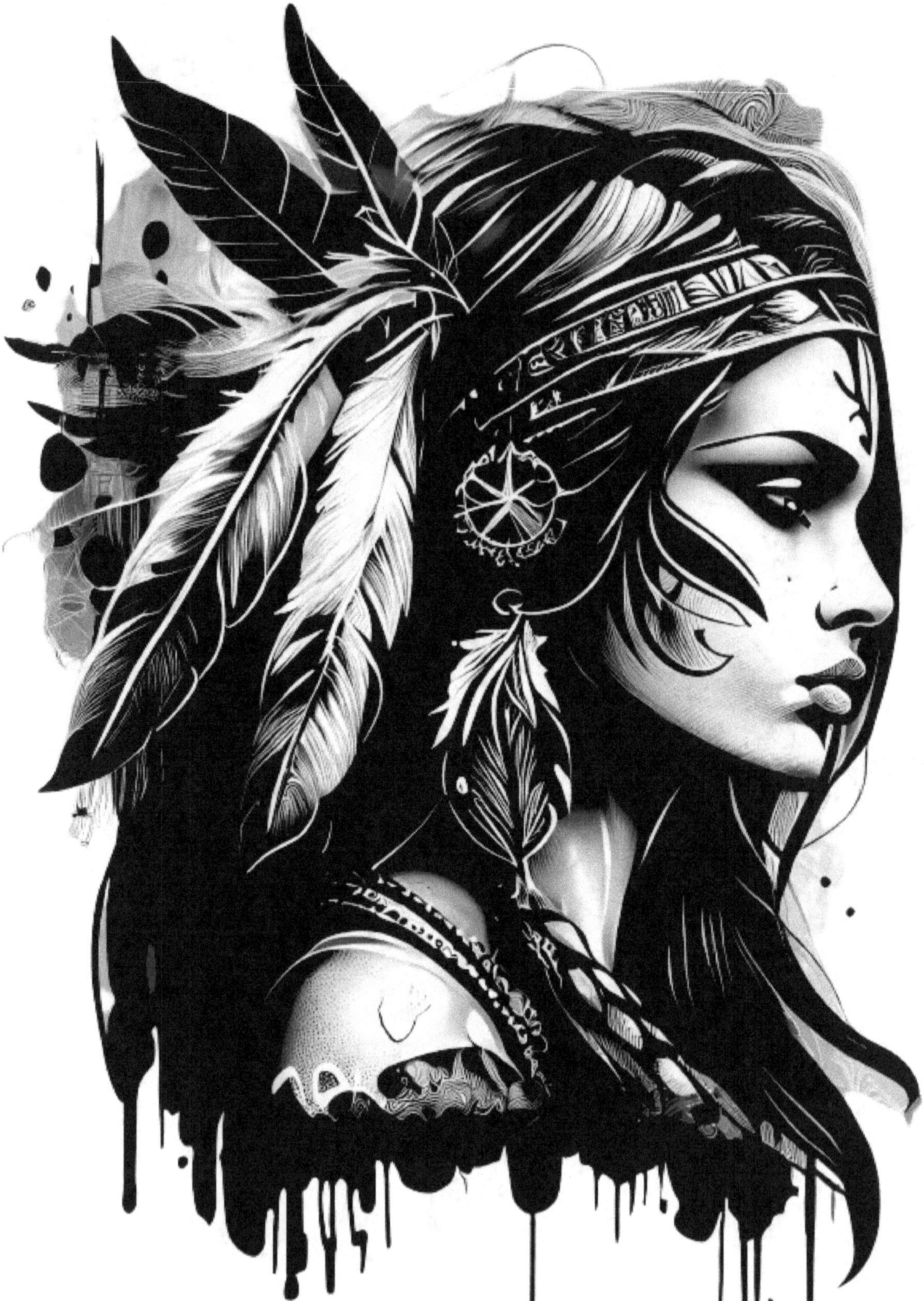

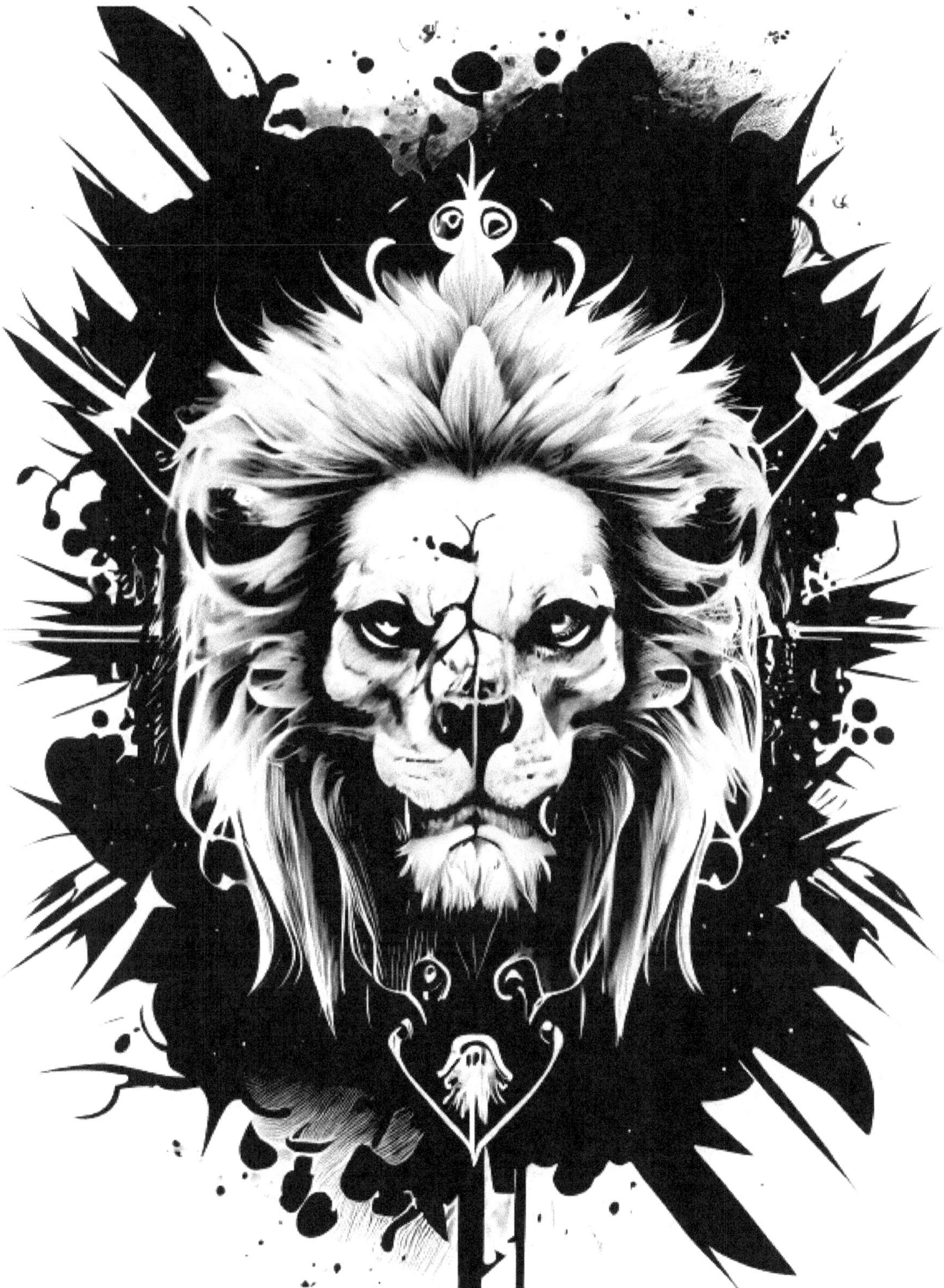

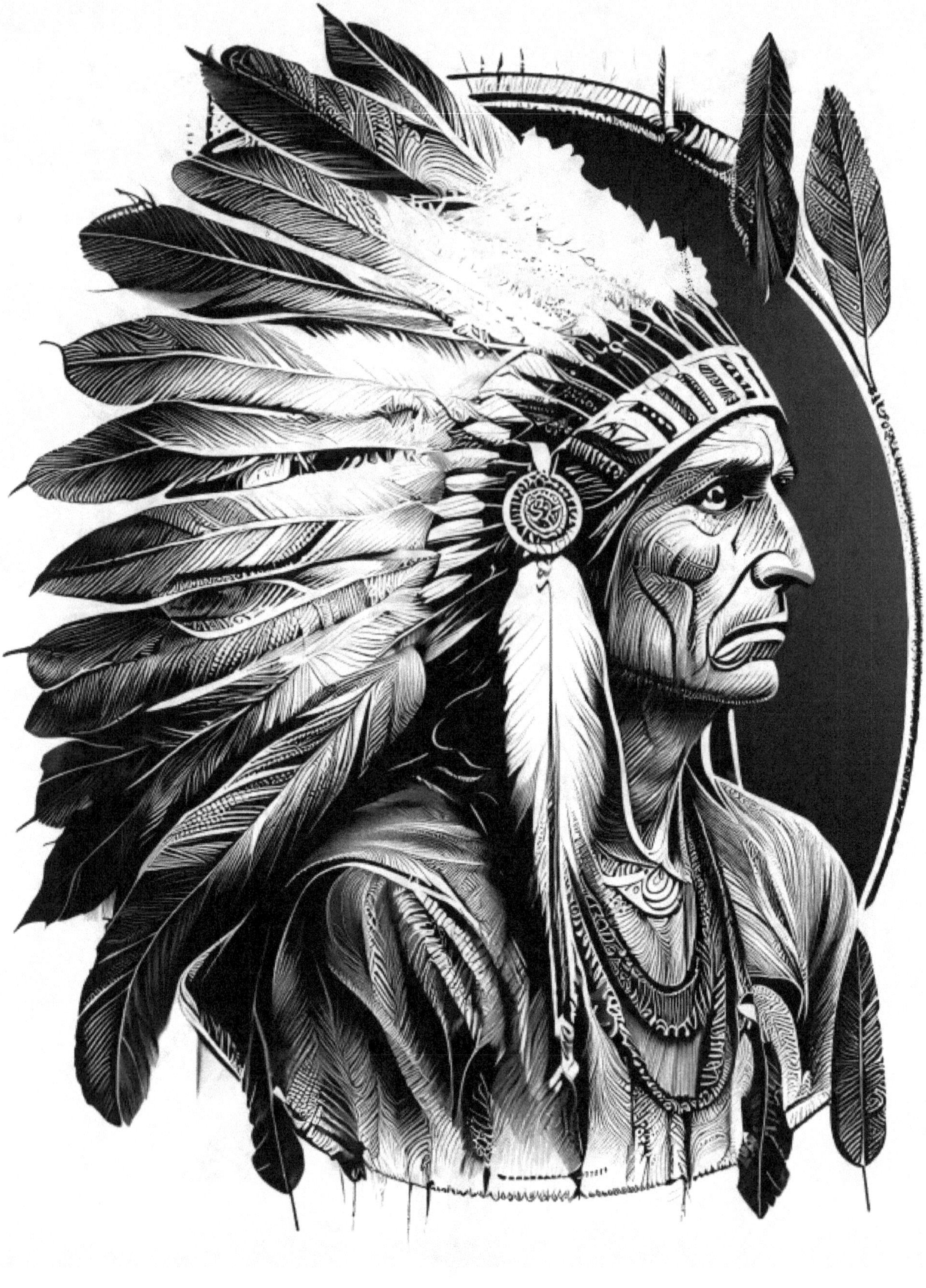

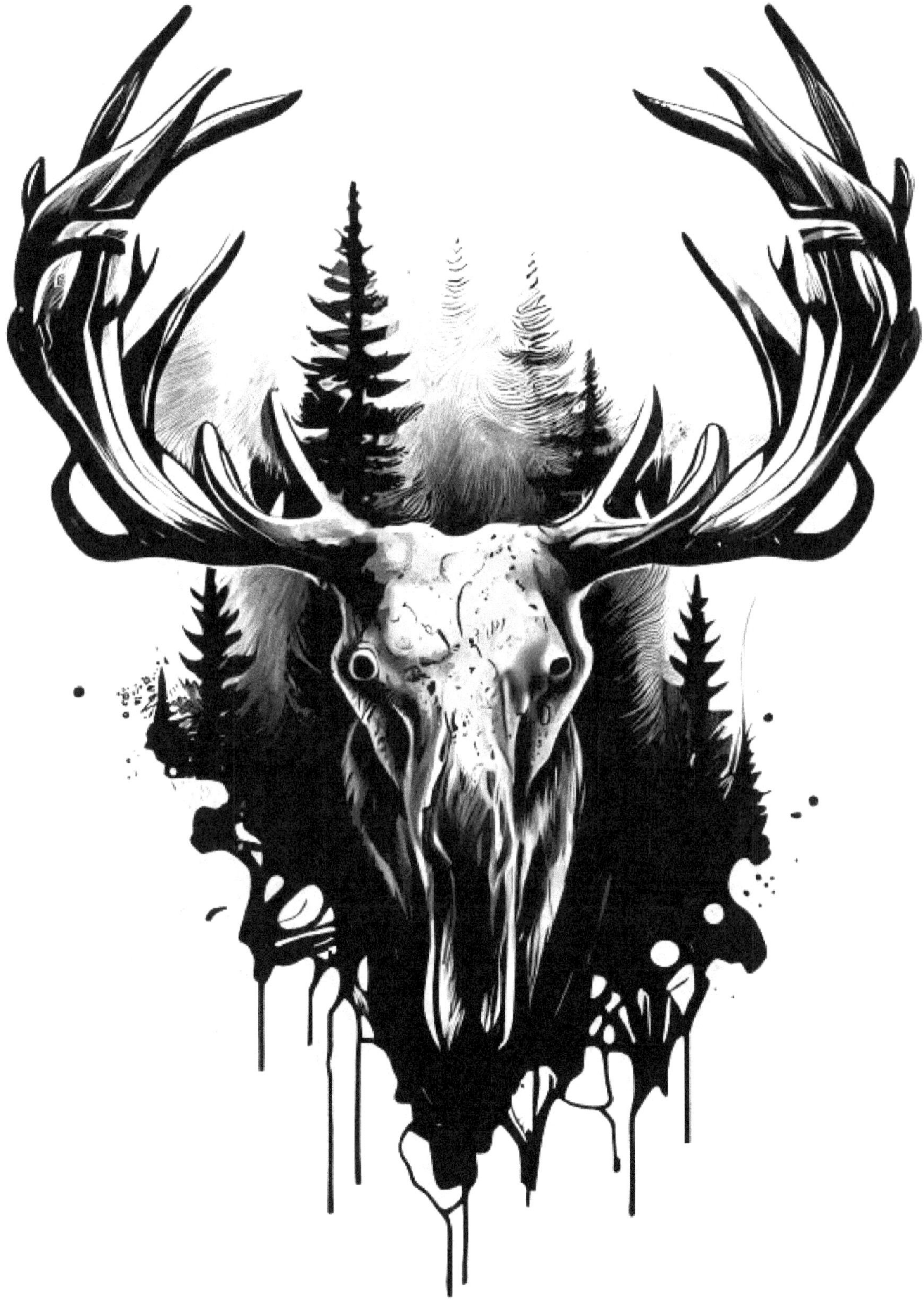

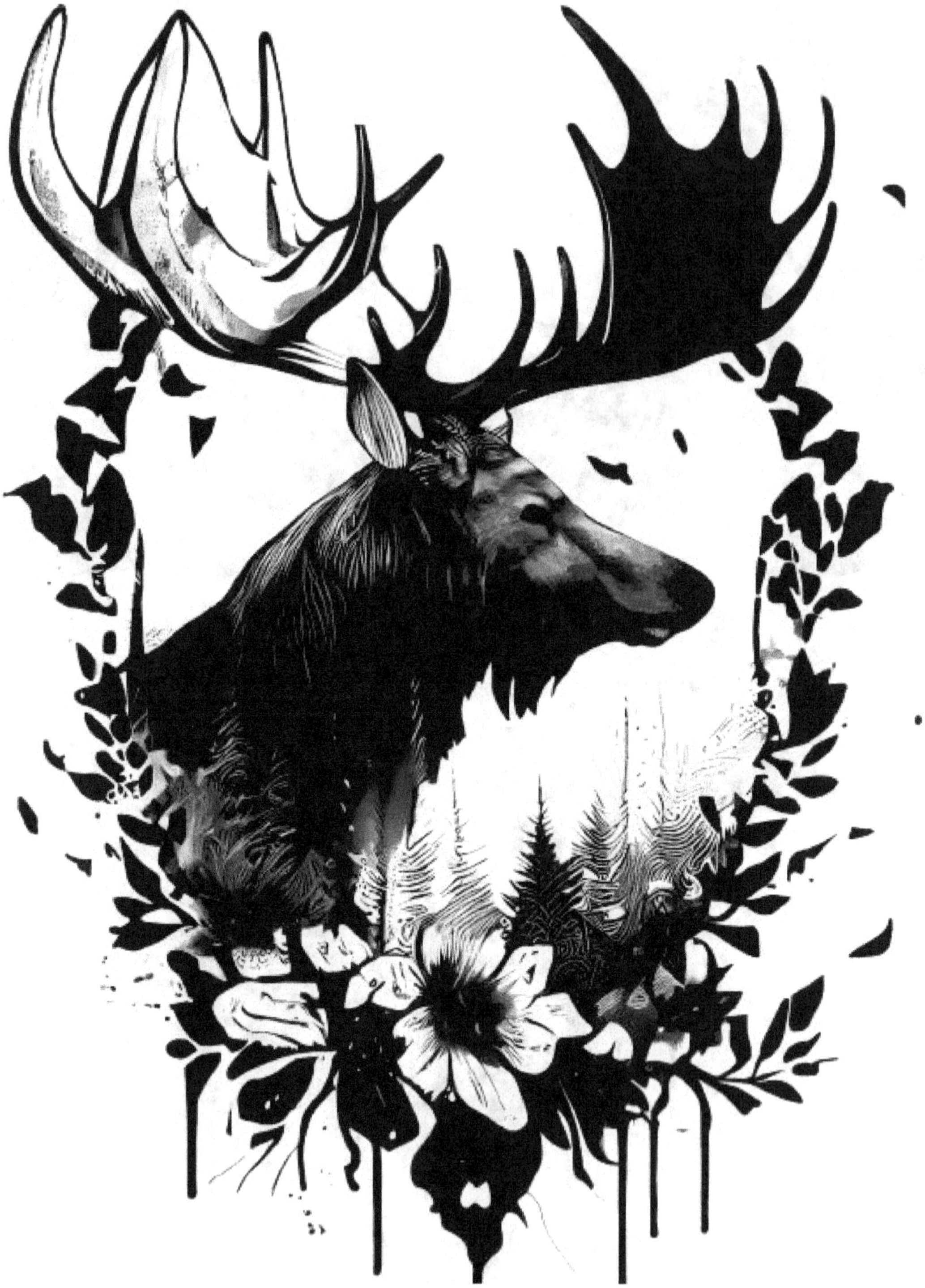

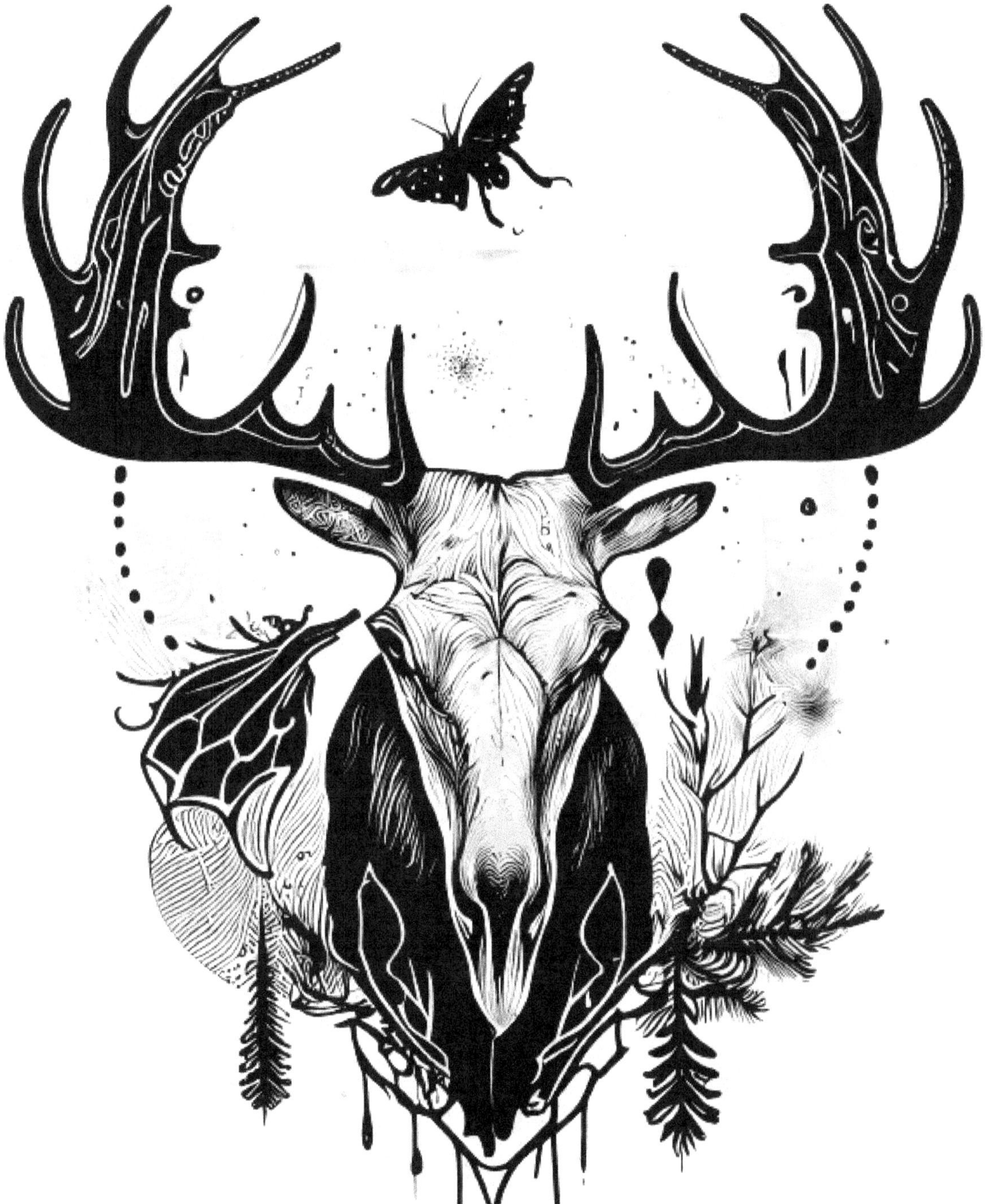

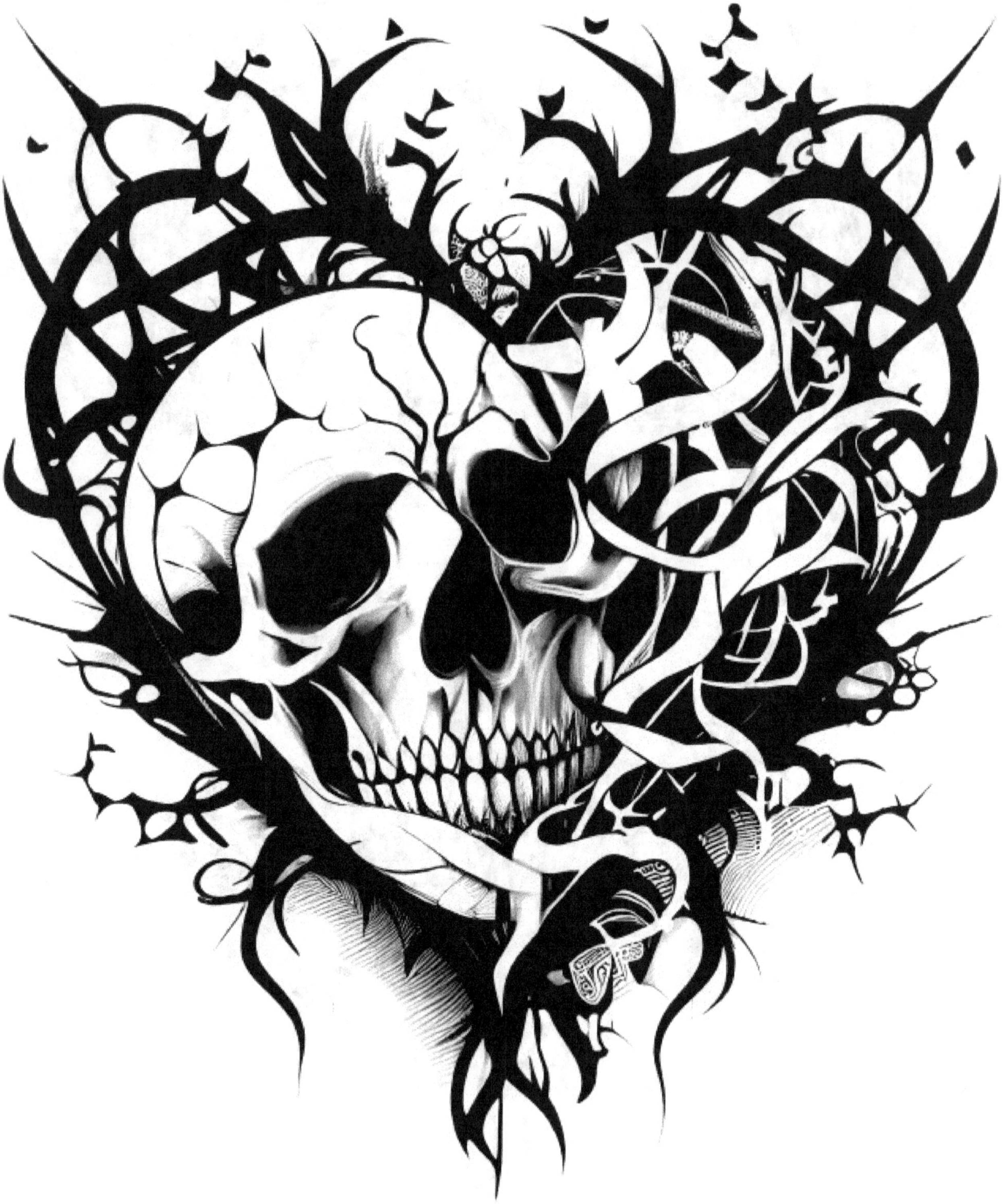

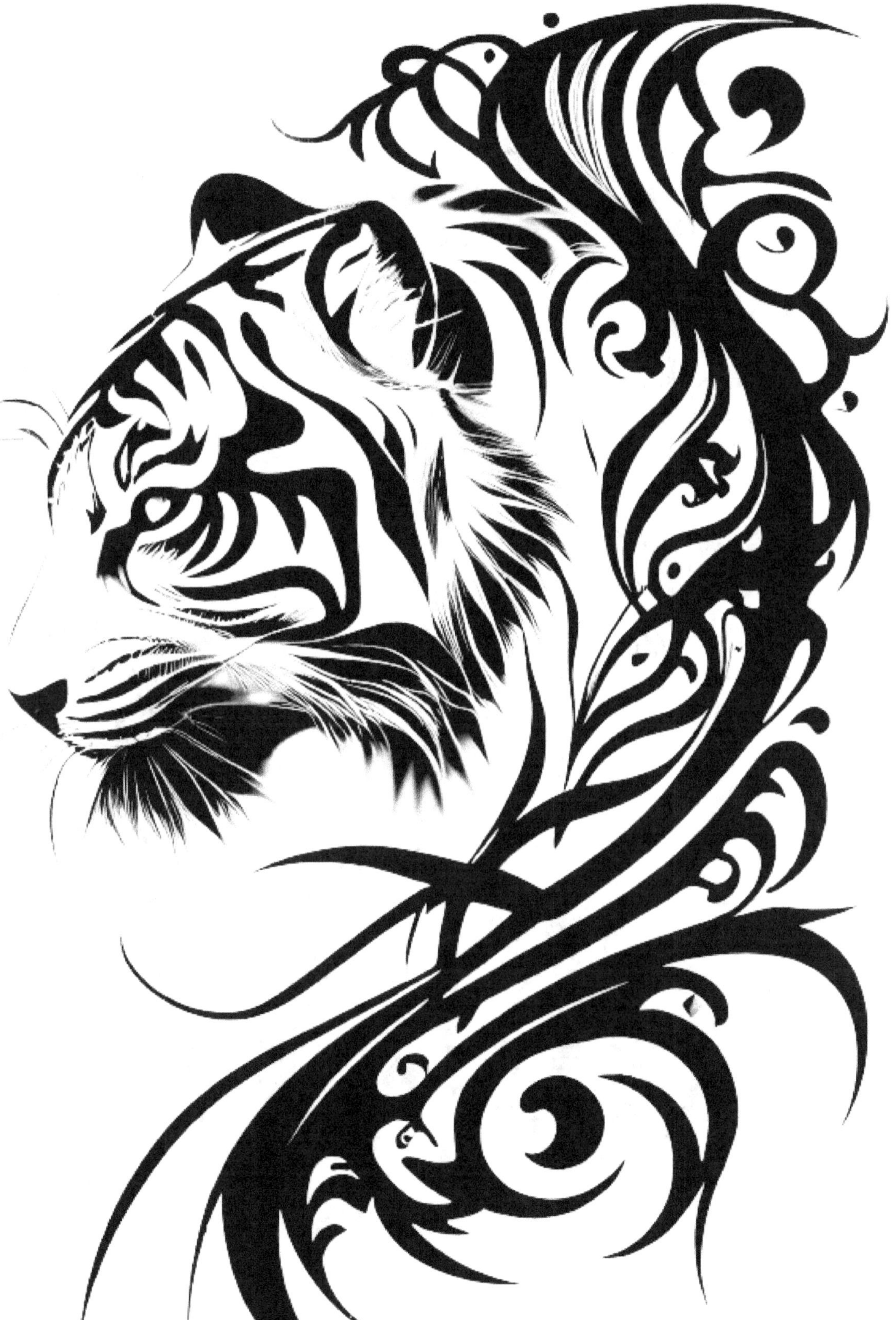

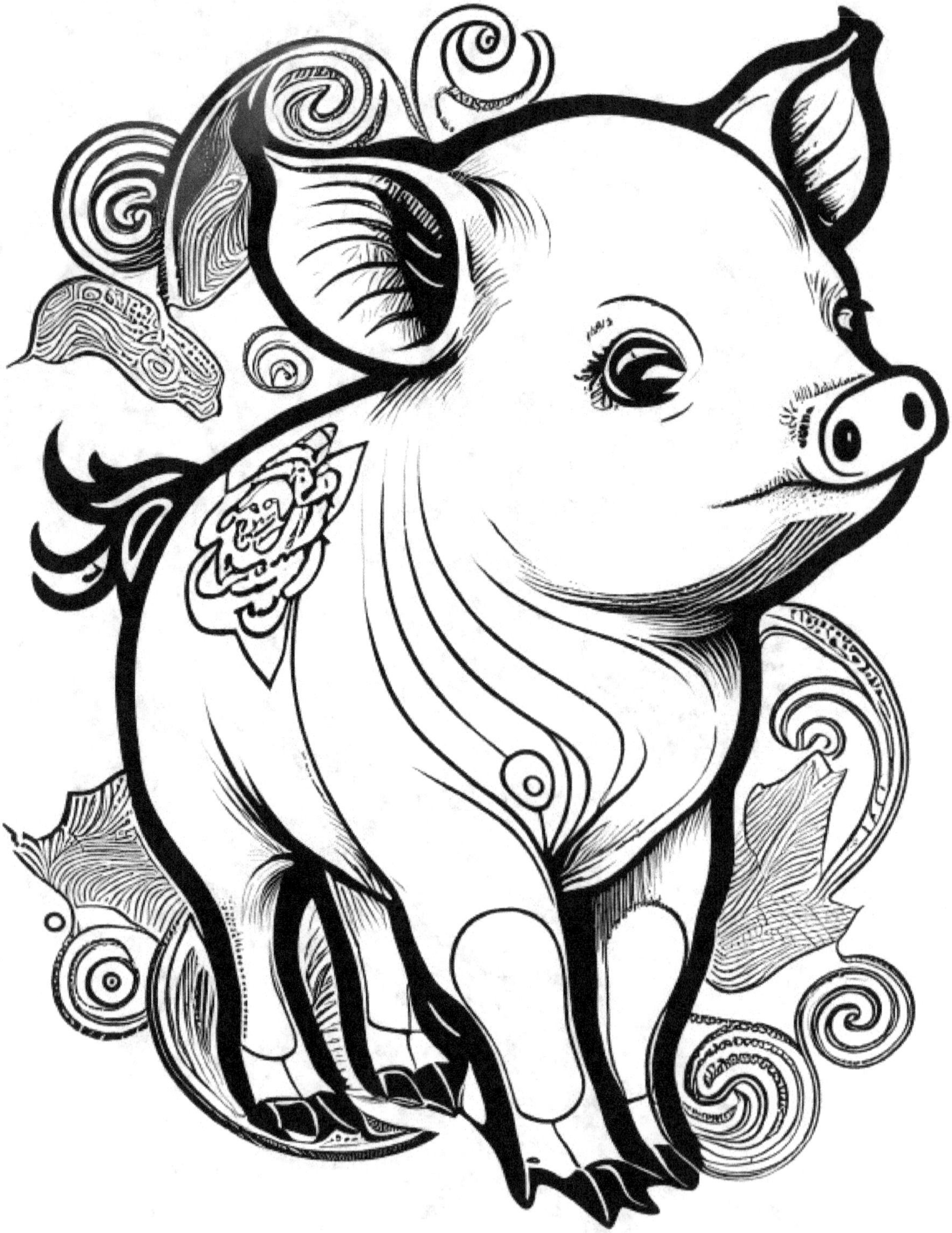

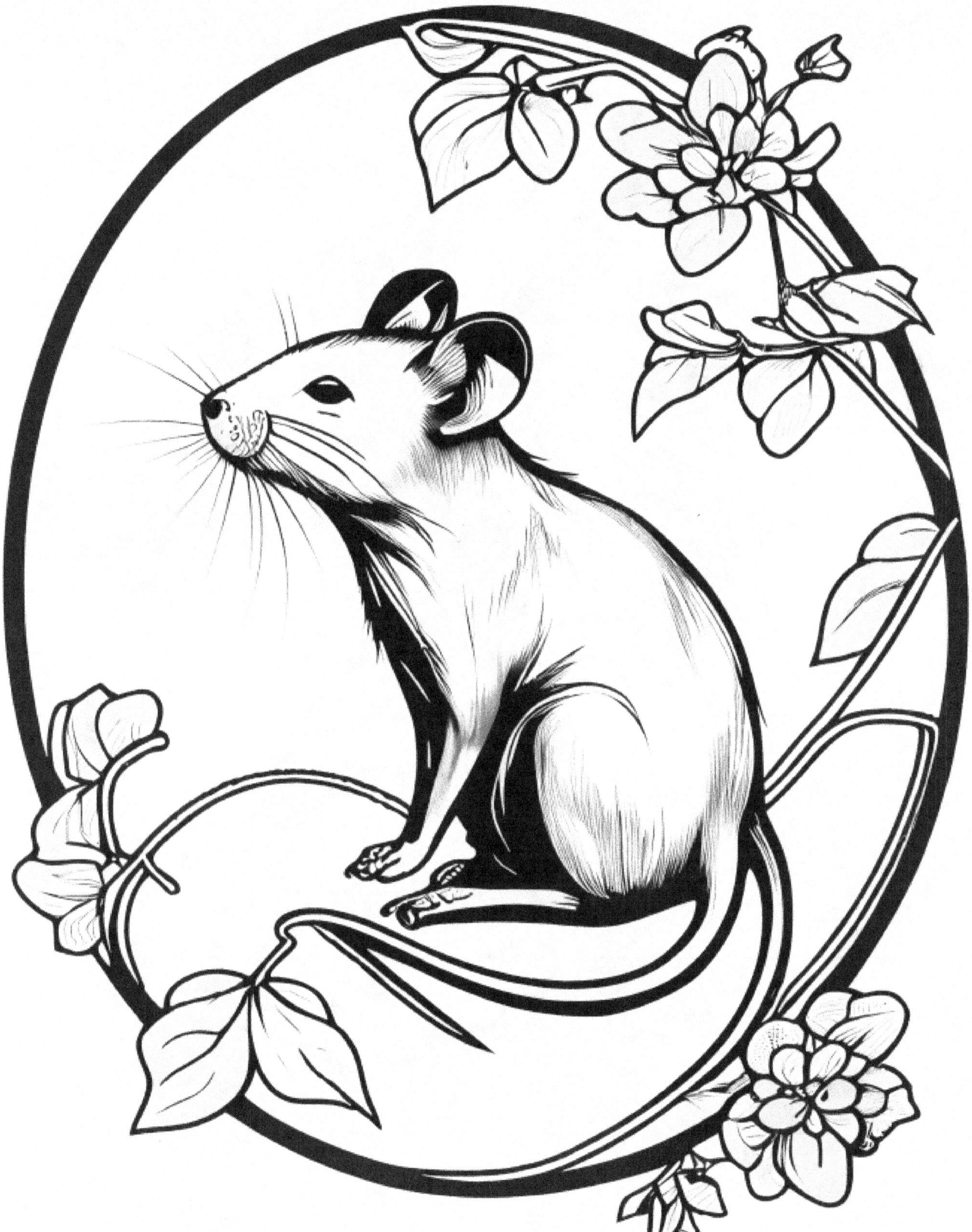

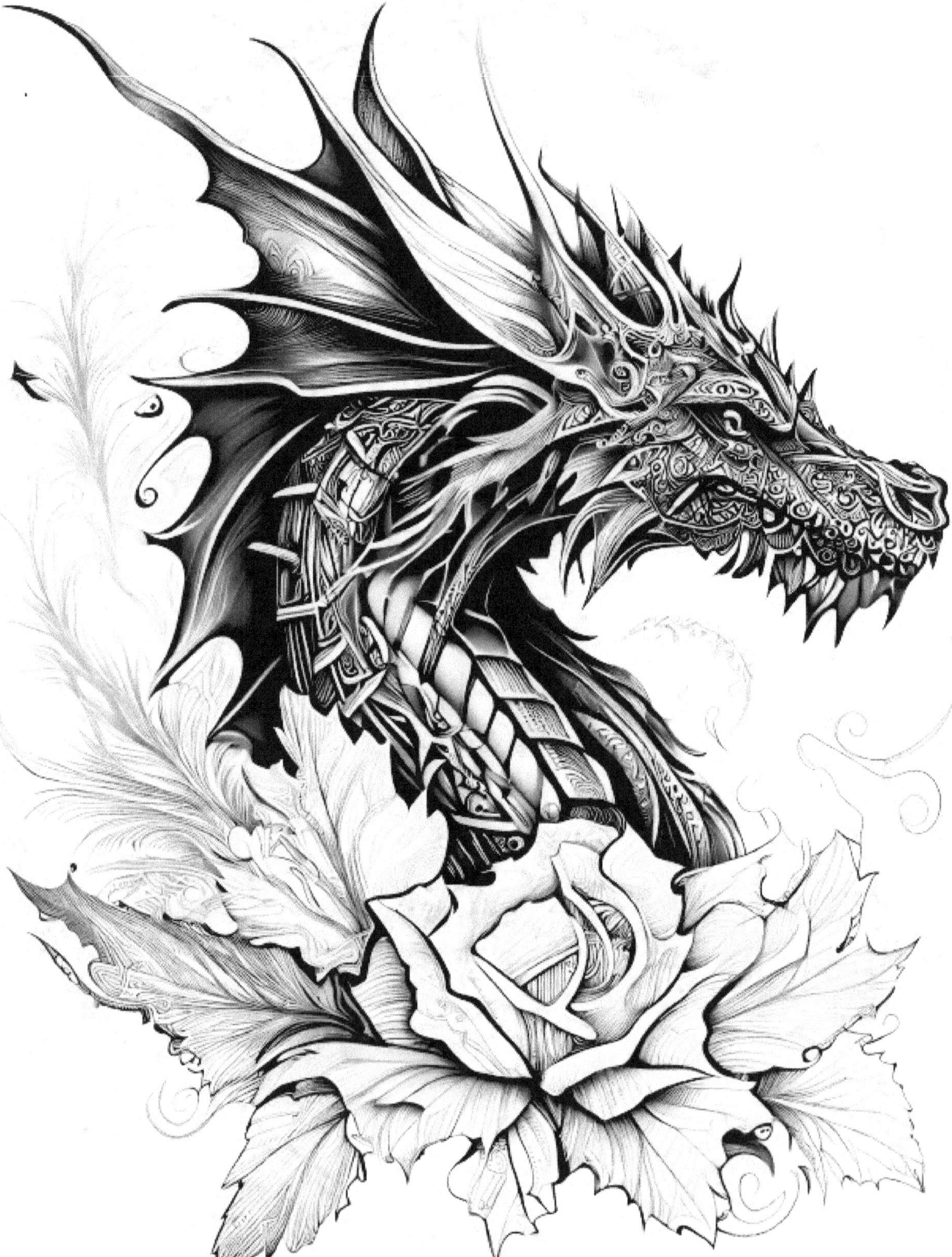

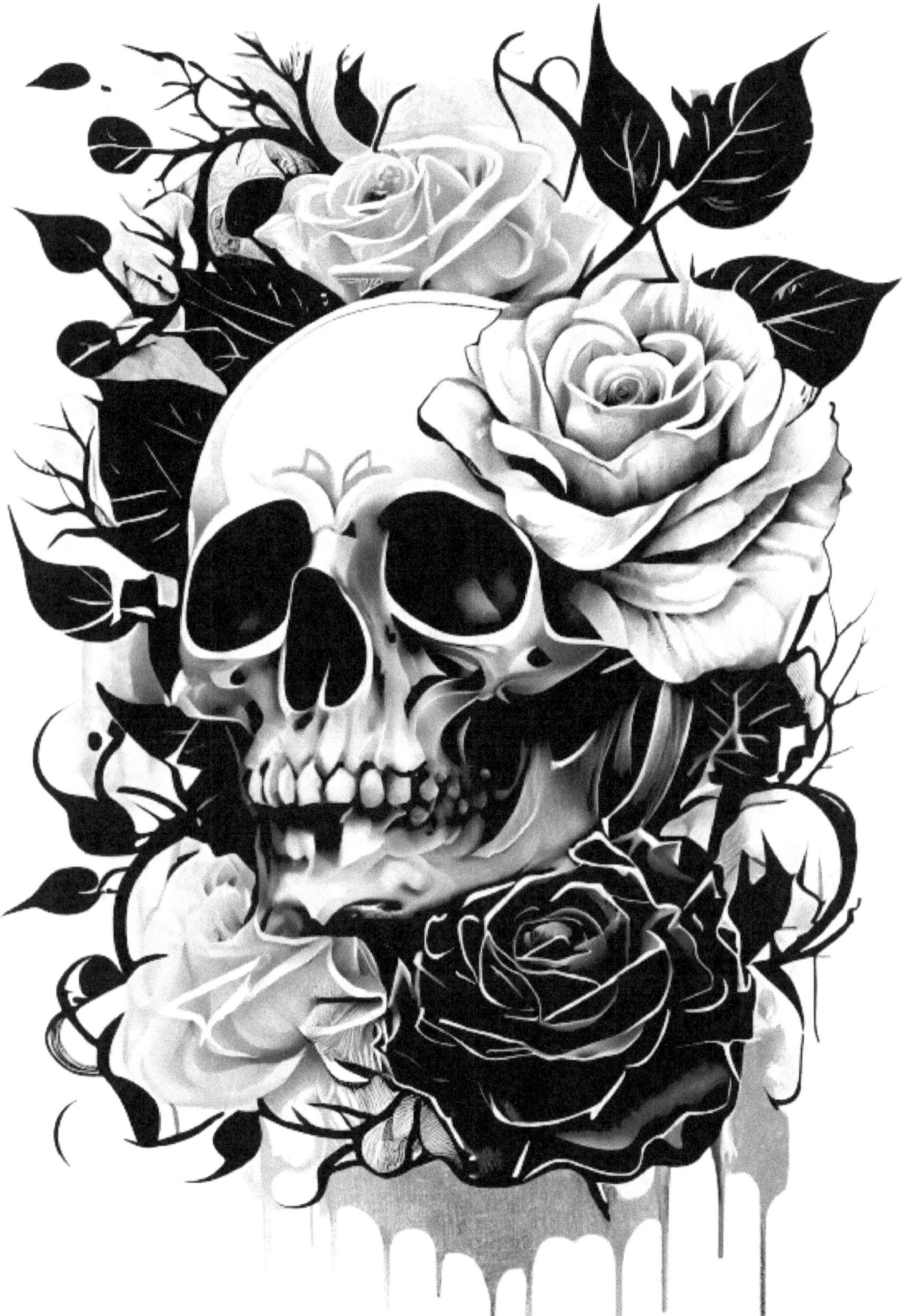

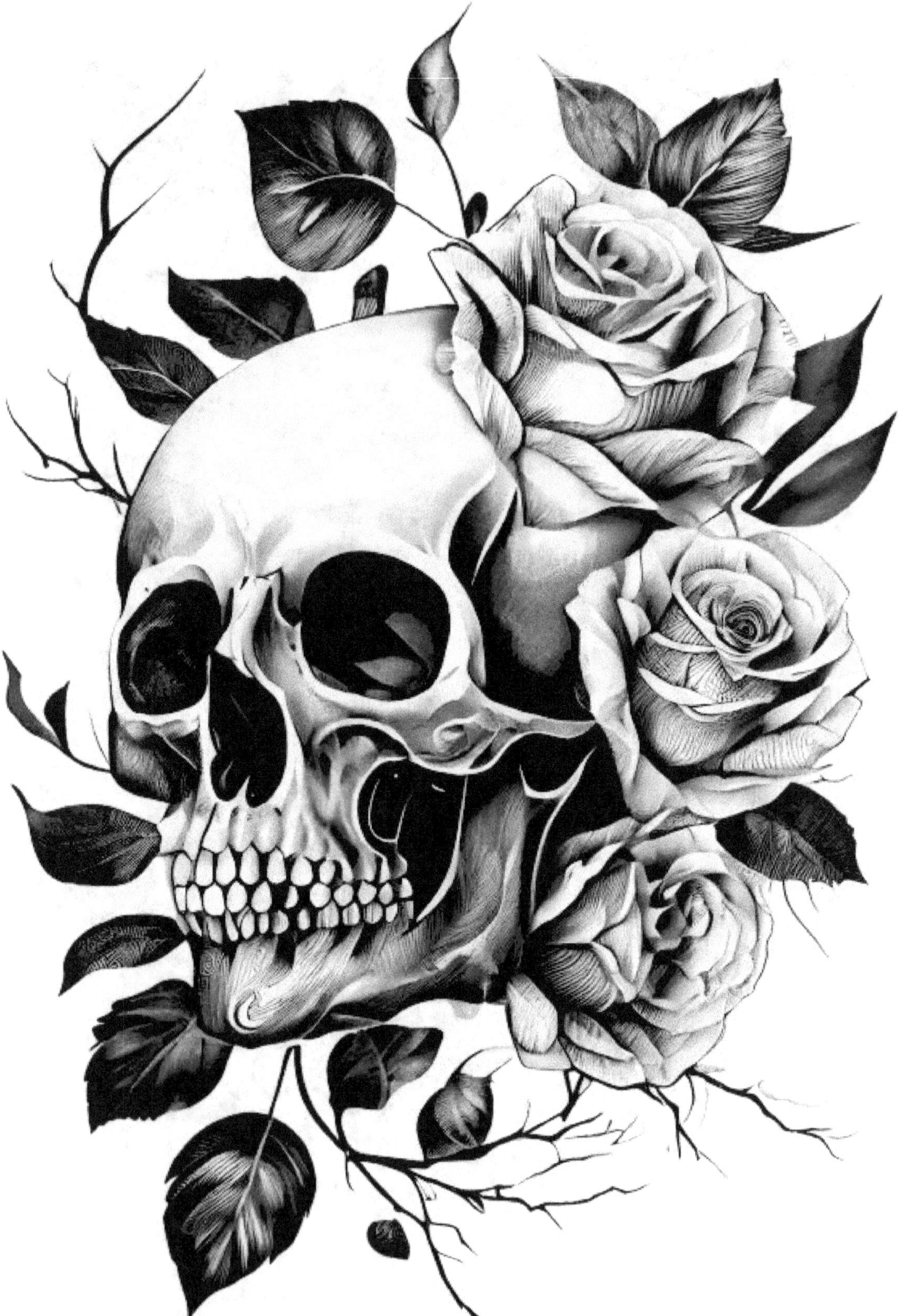

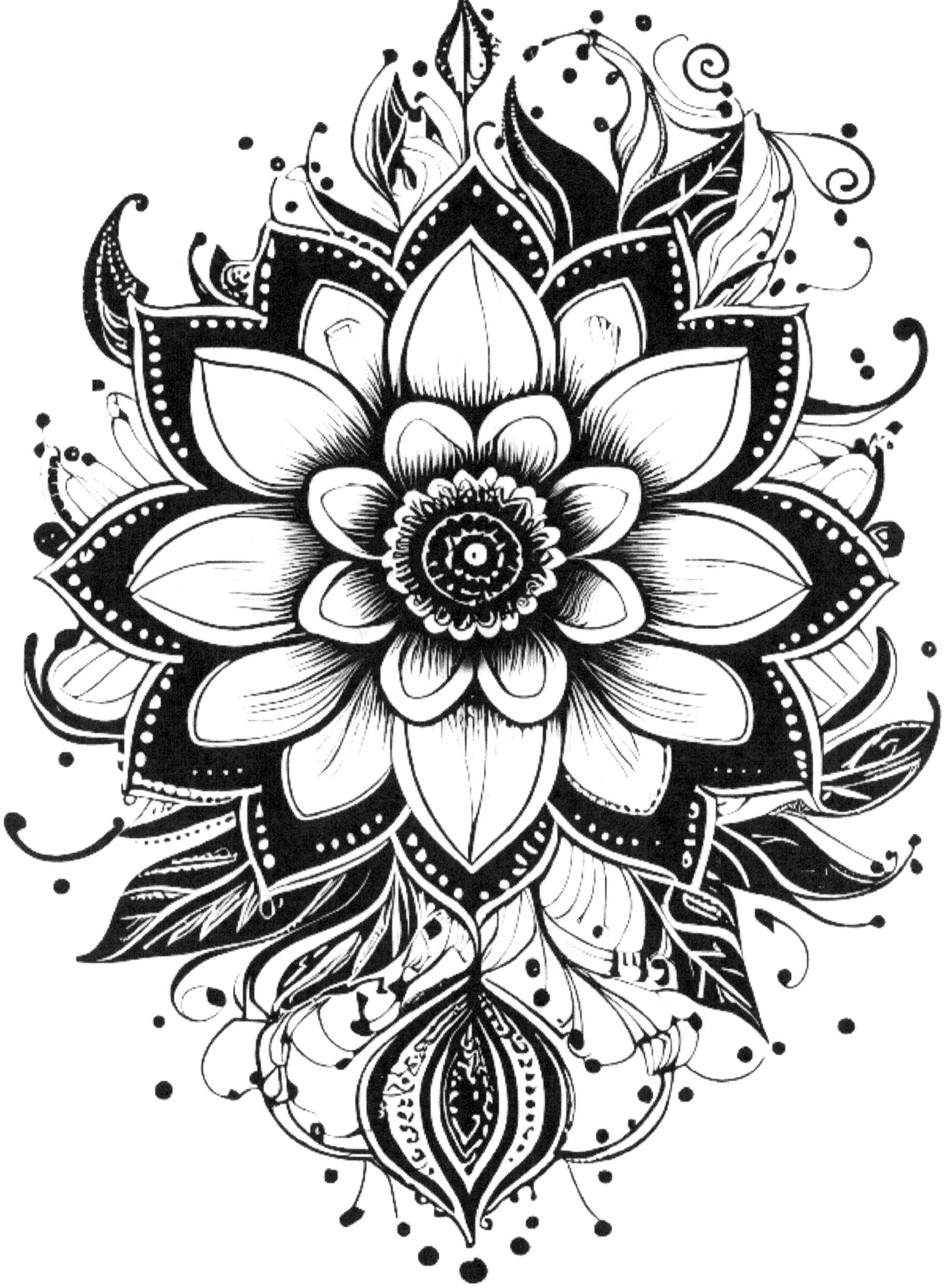

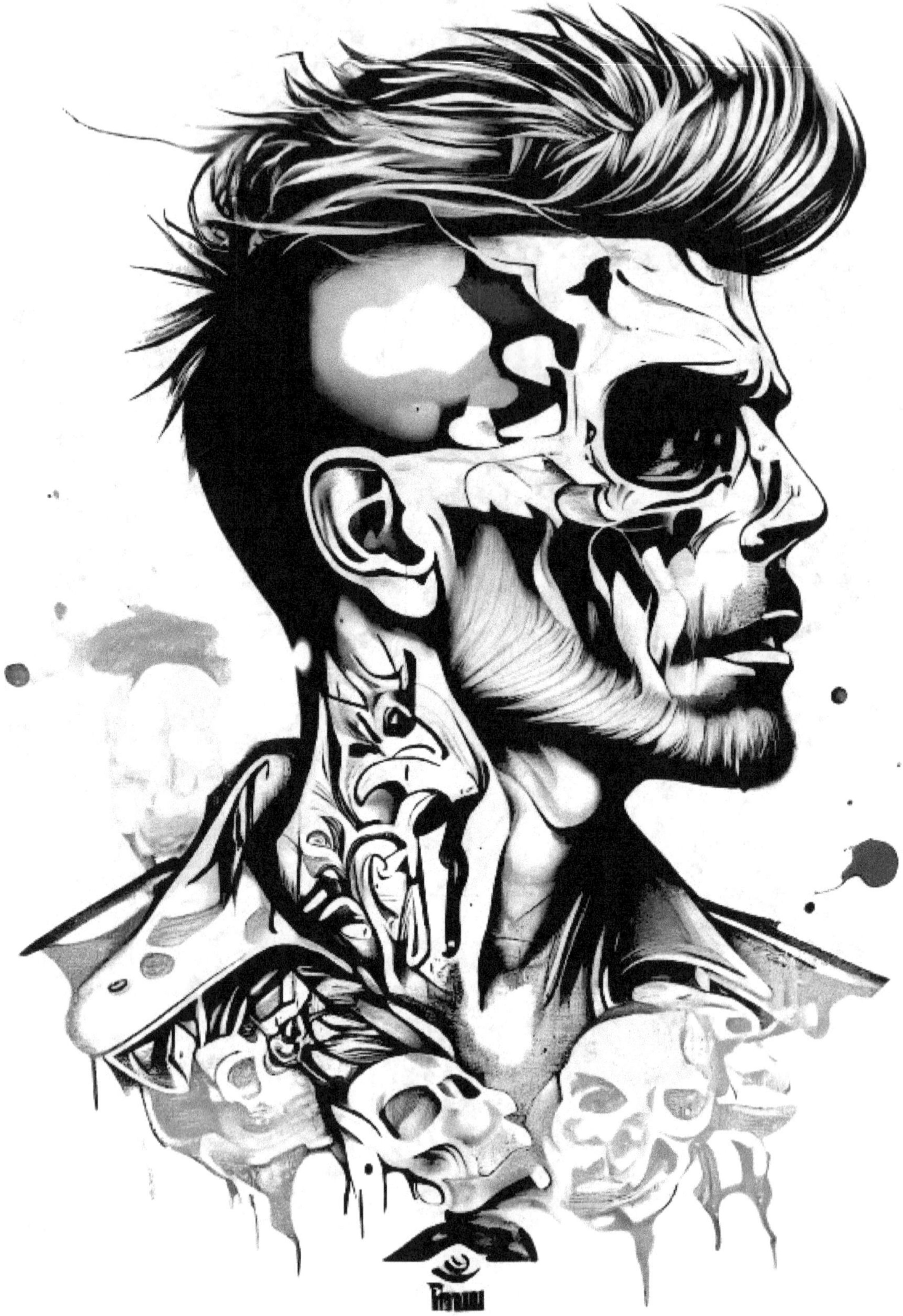

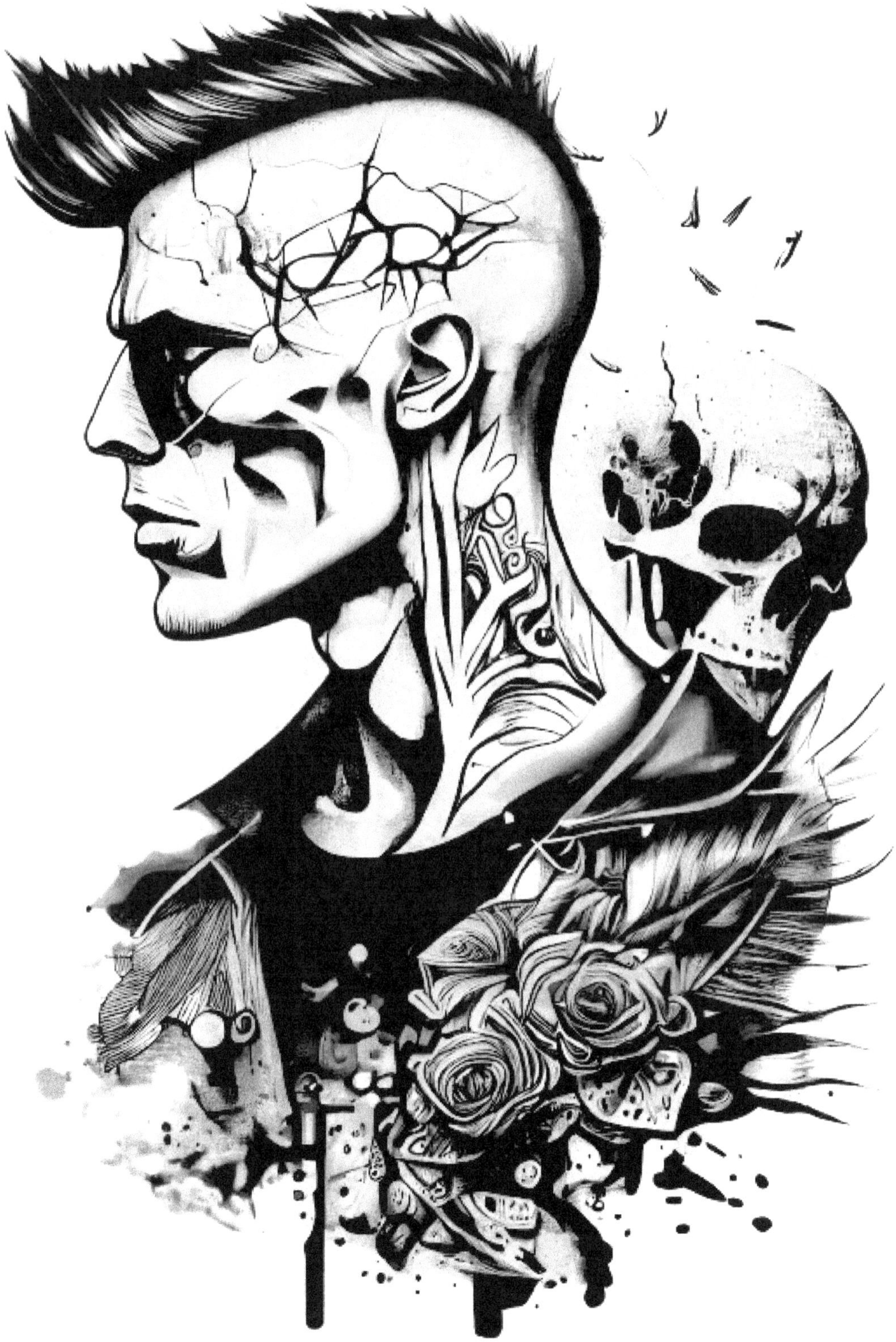

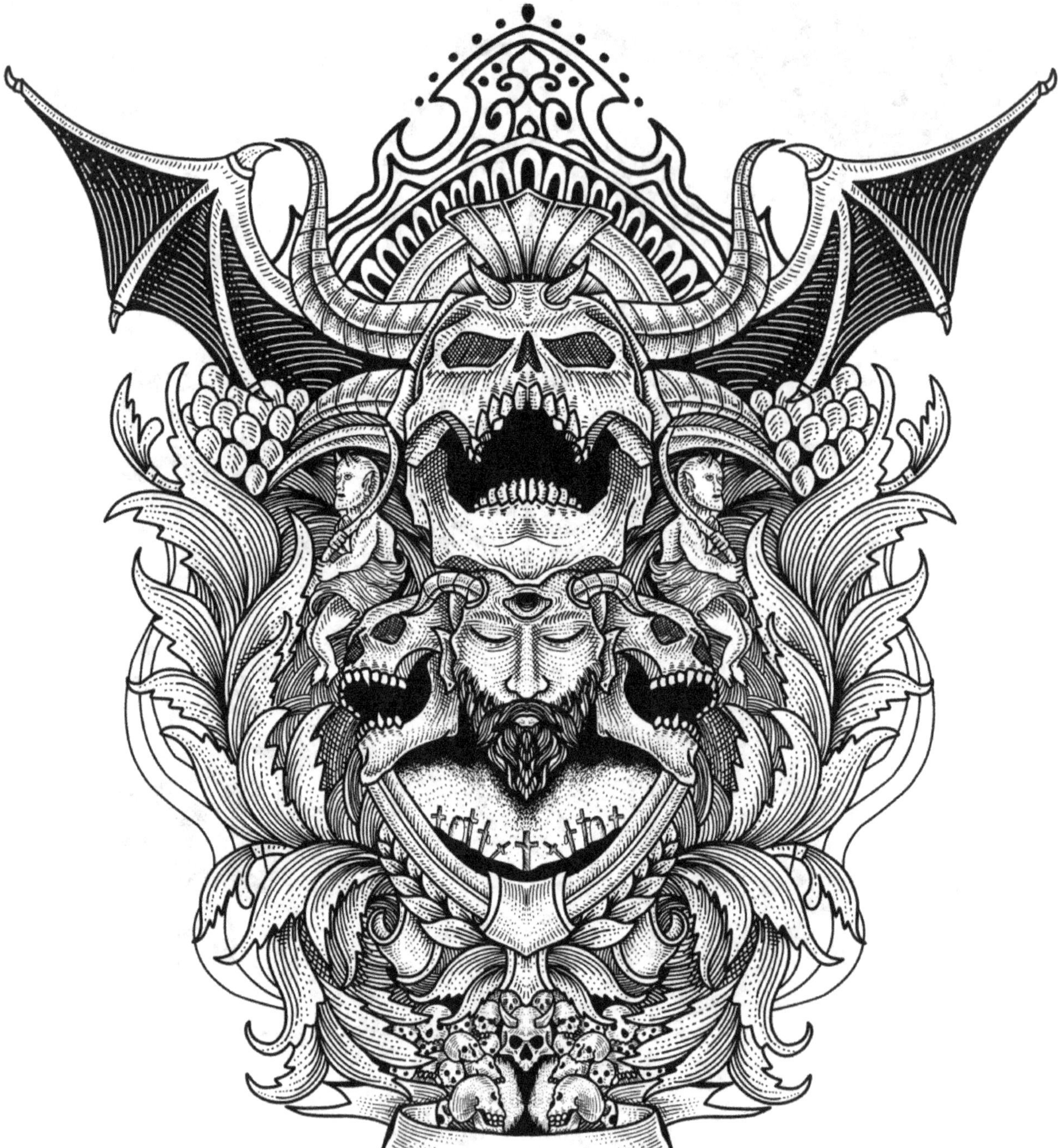

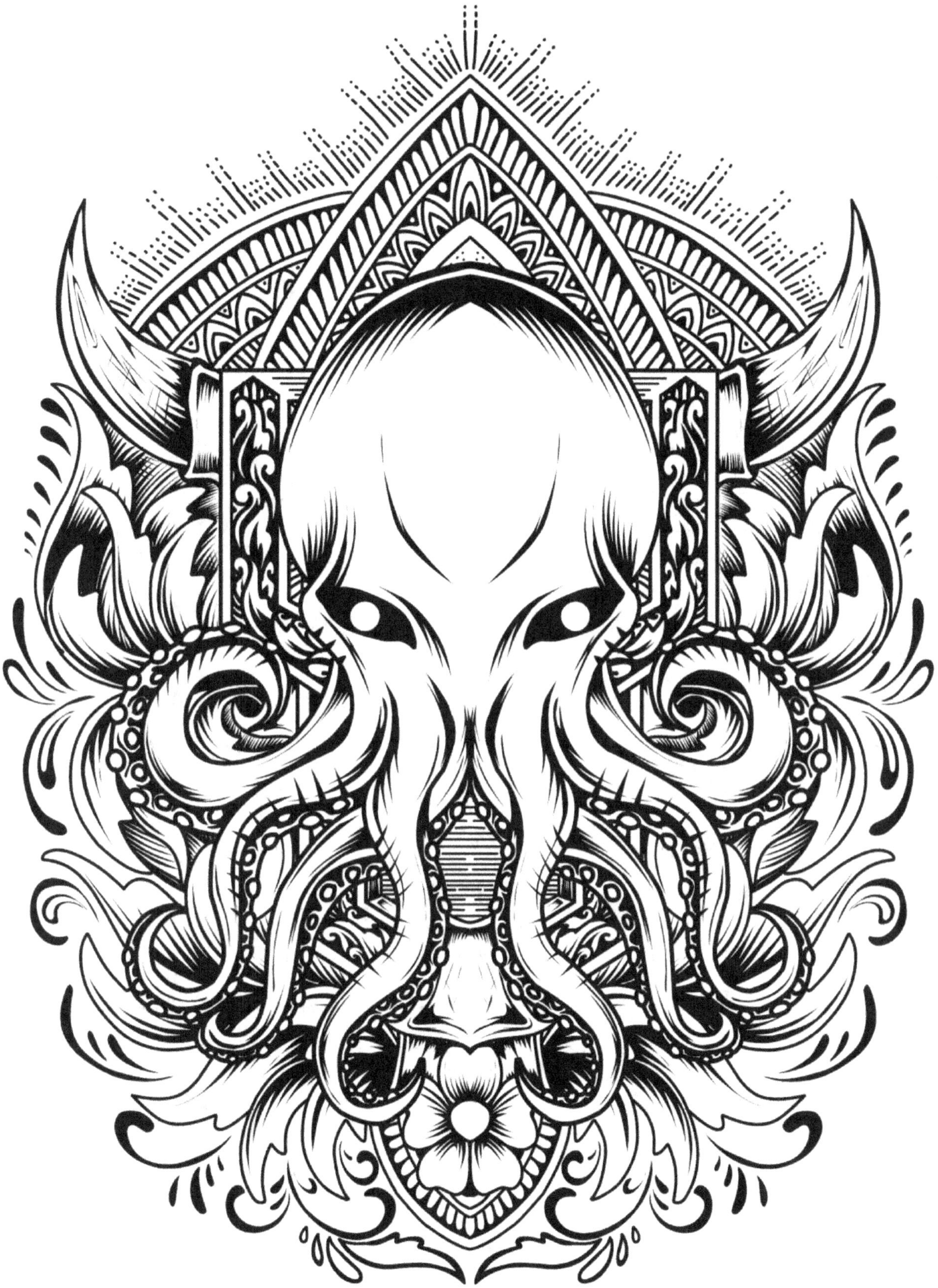

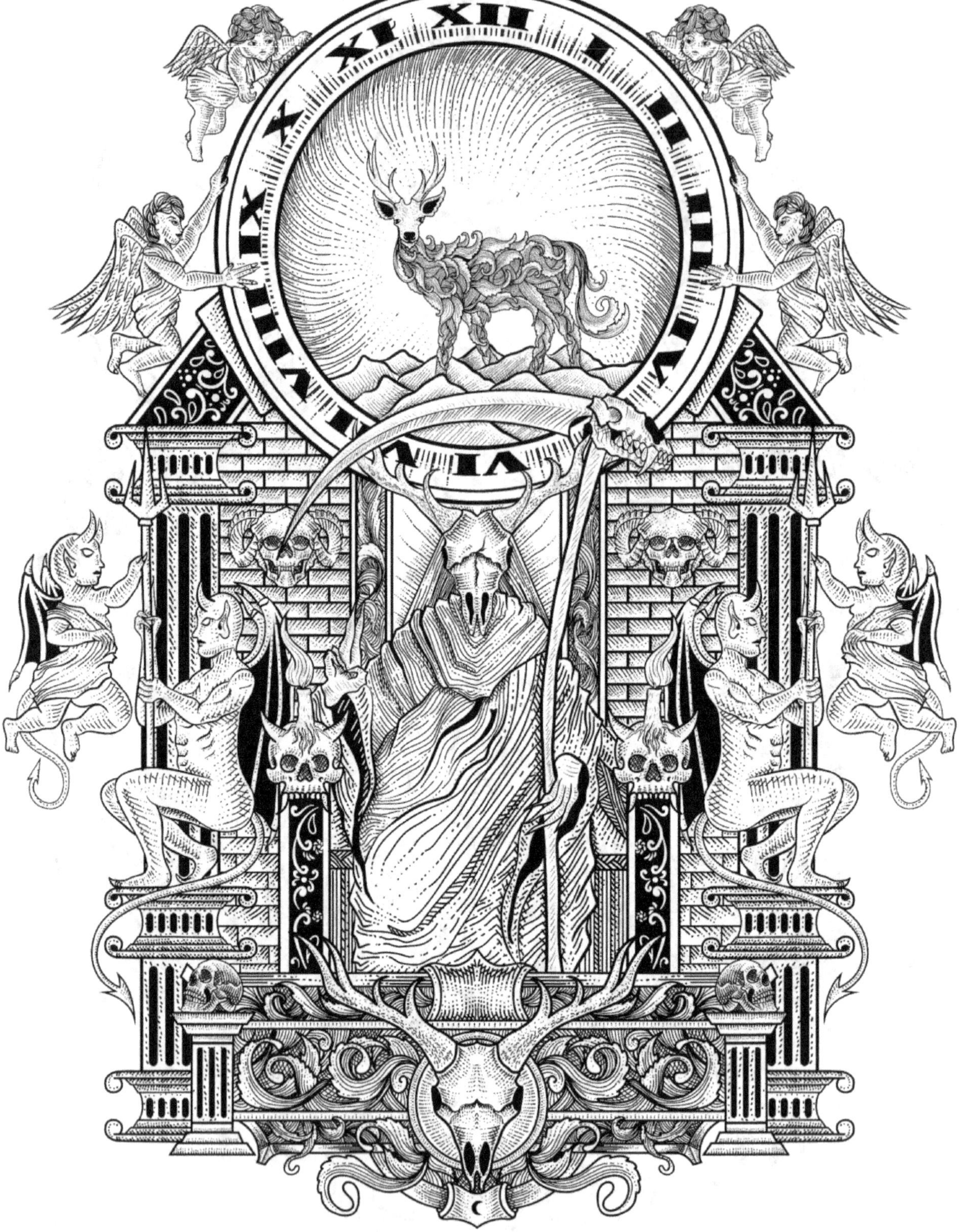
XI
XII
I
II
III
IV
X
IX
VIII
VI

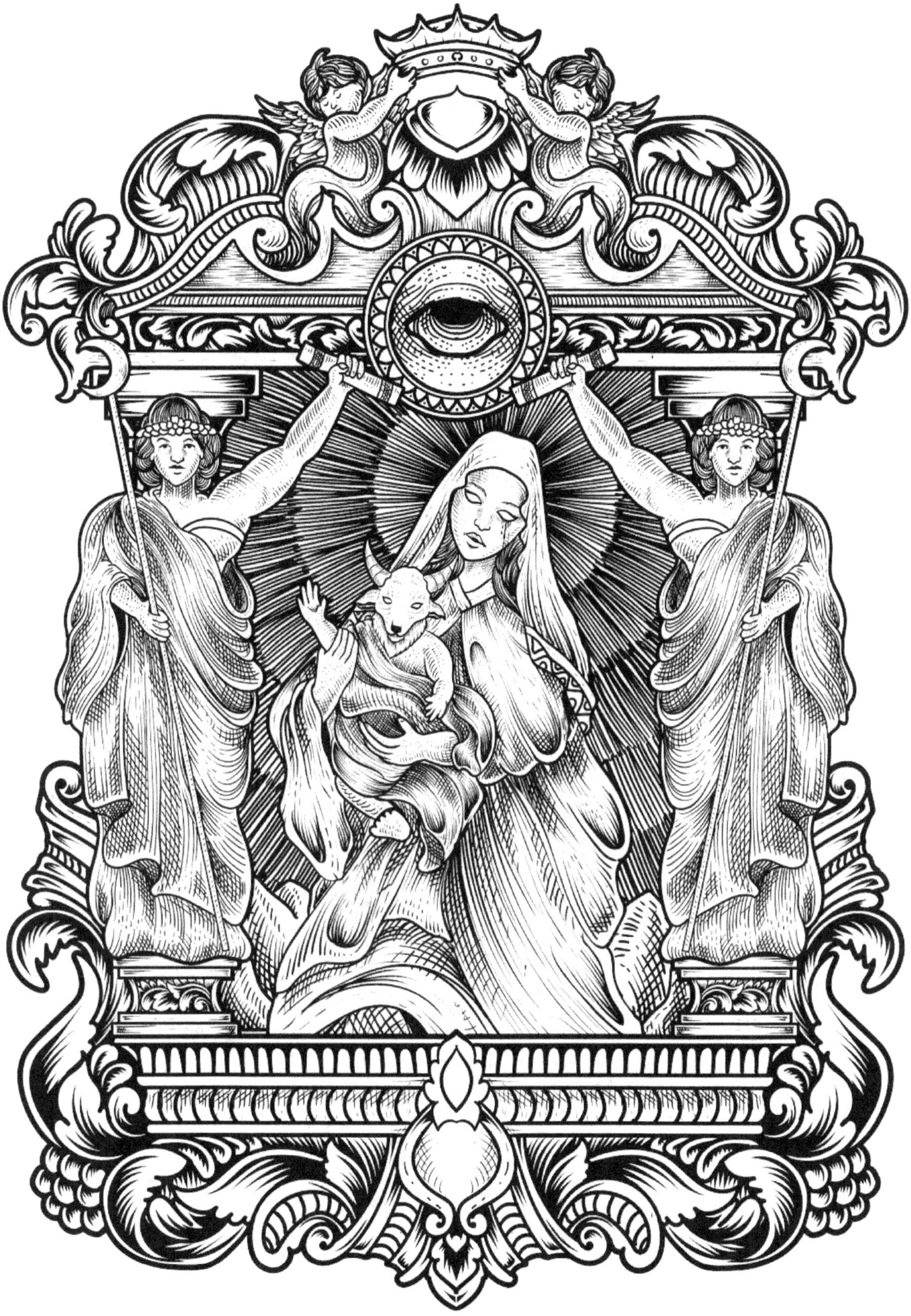

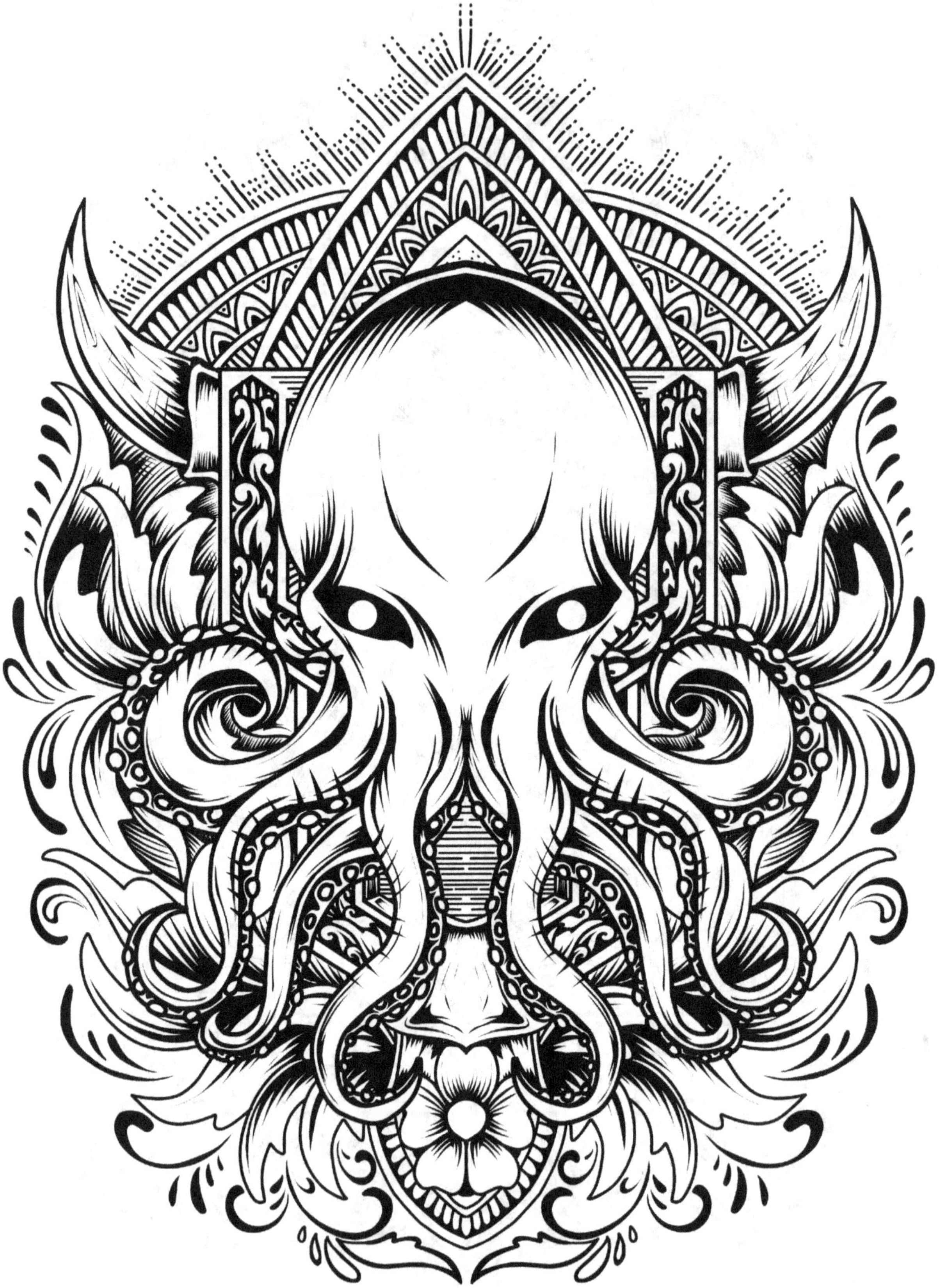

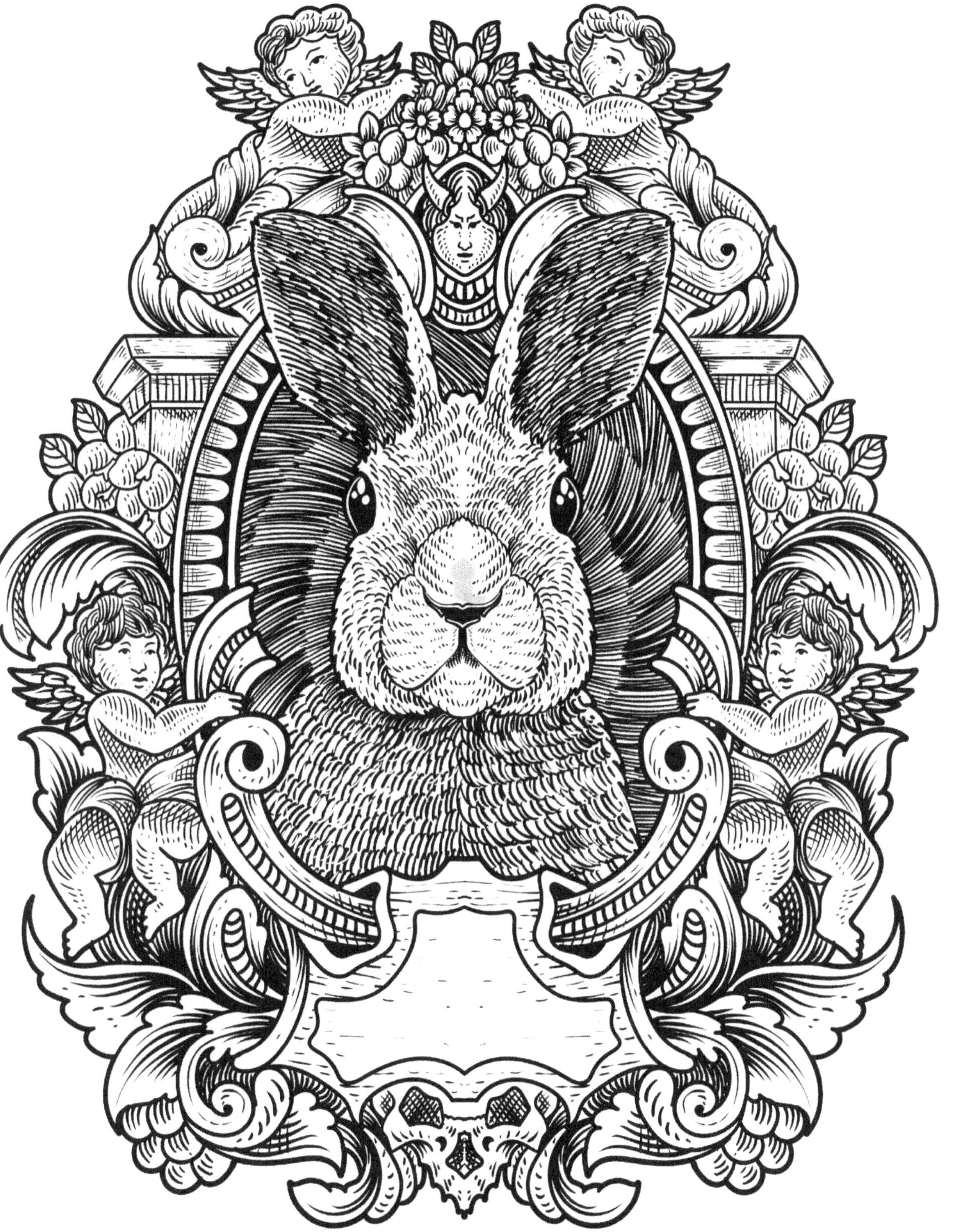

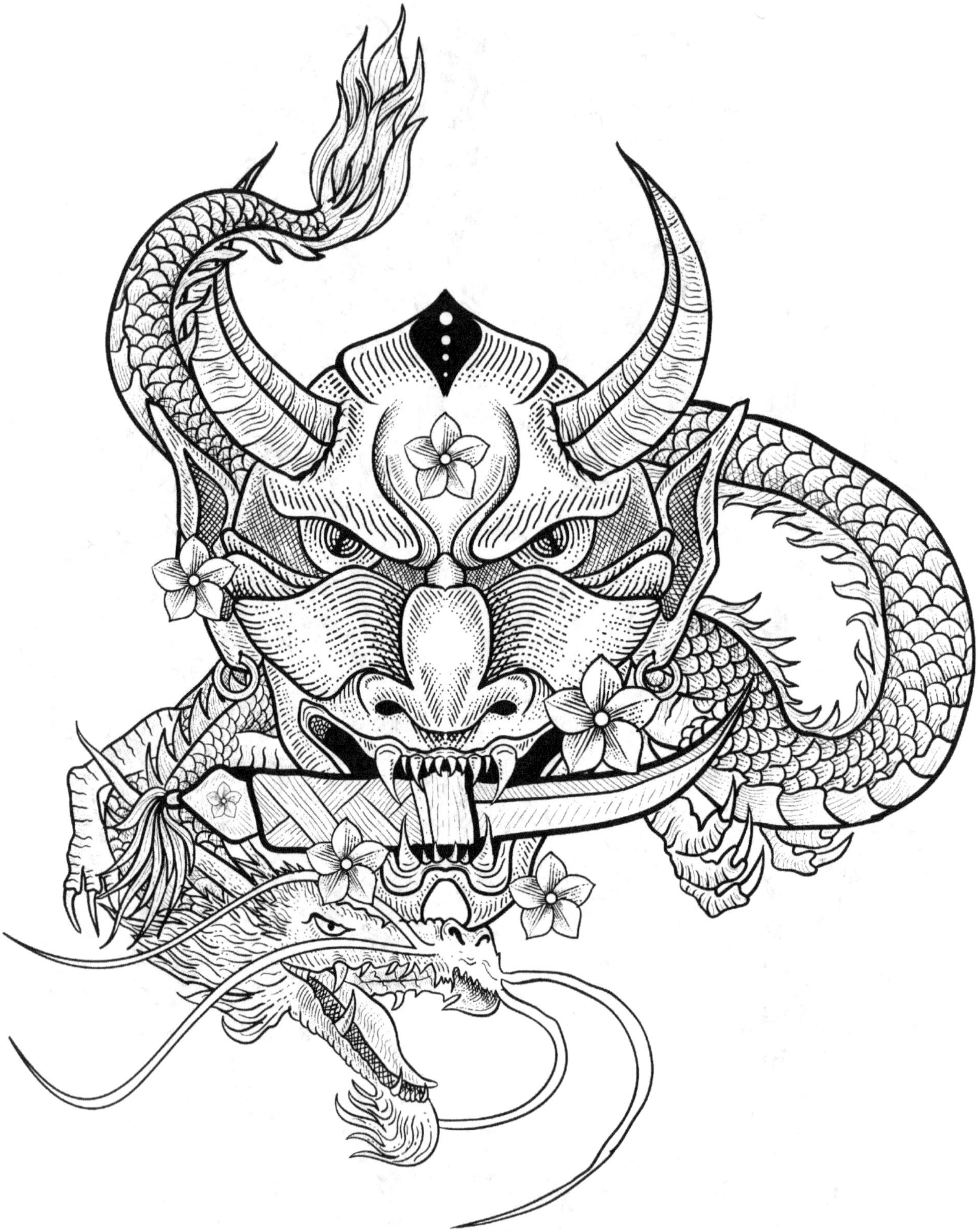

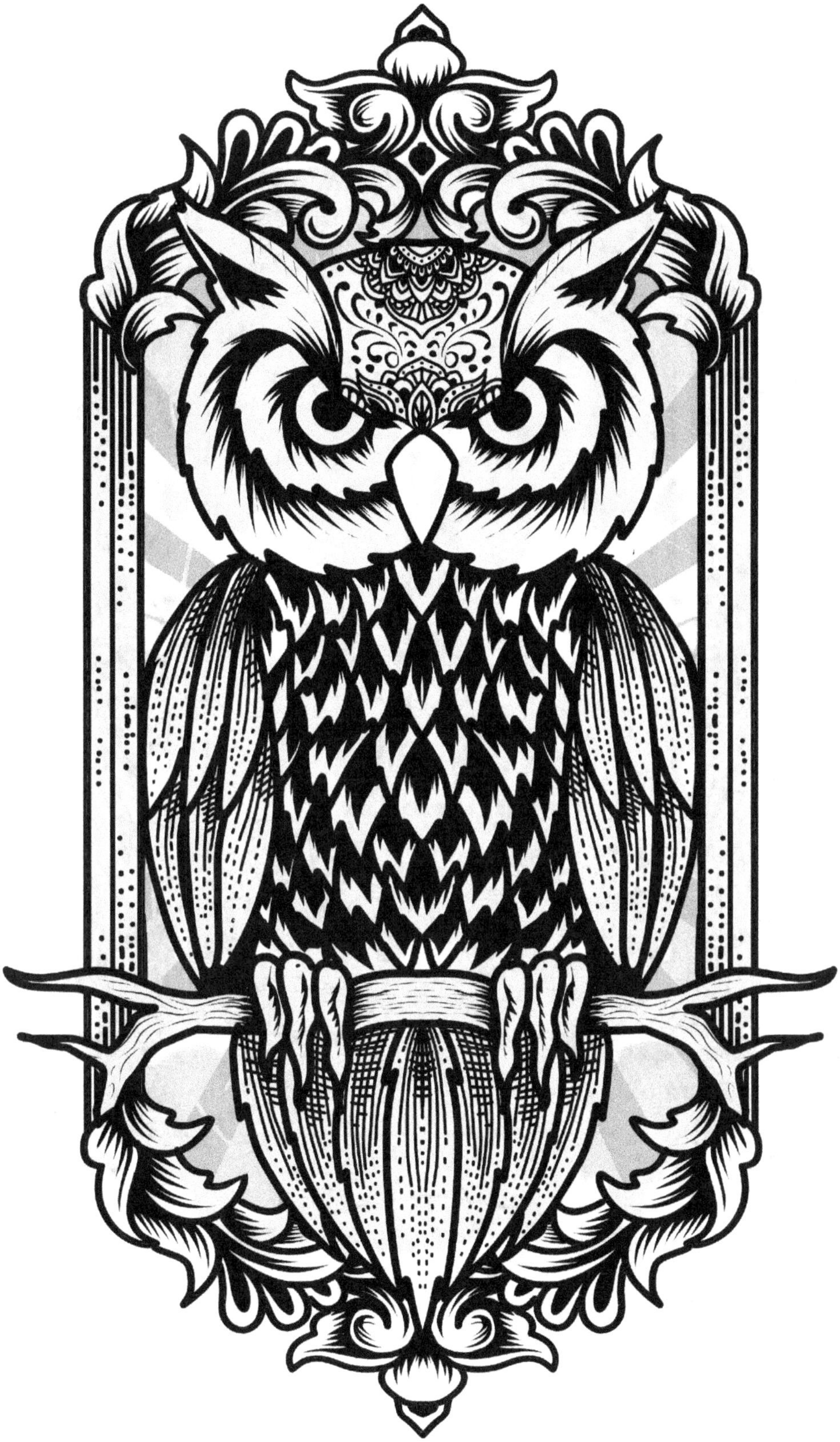

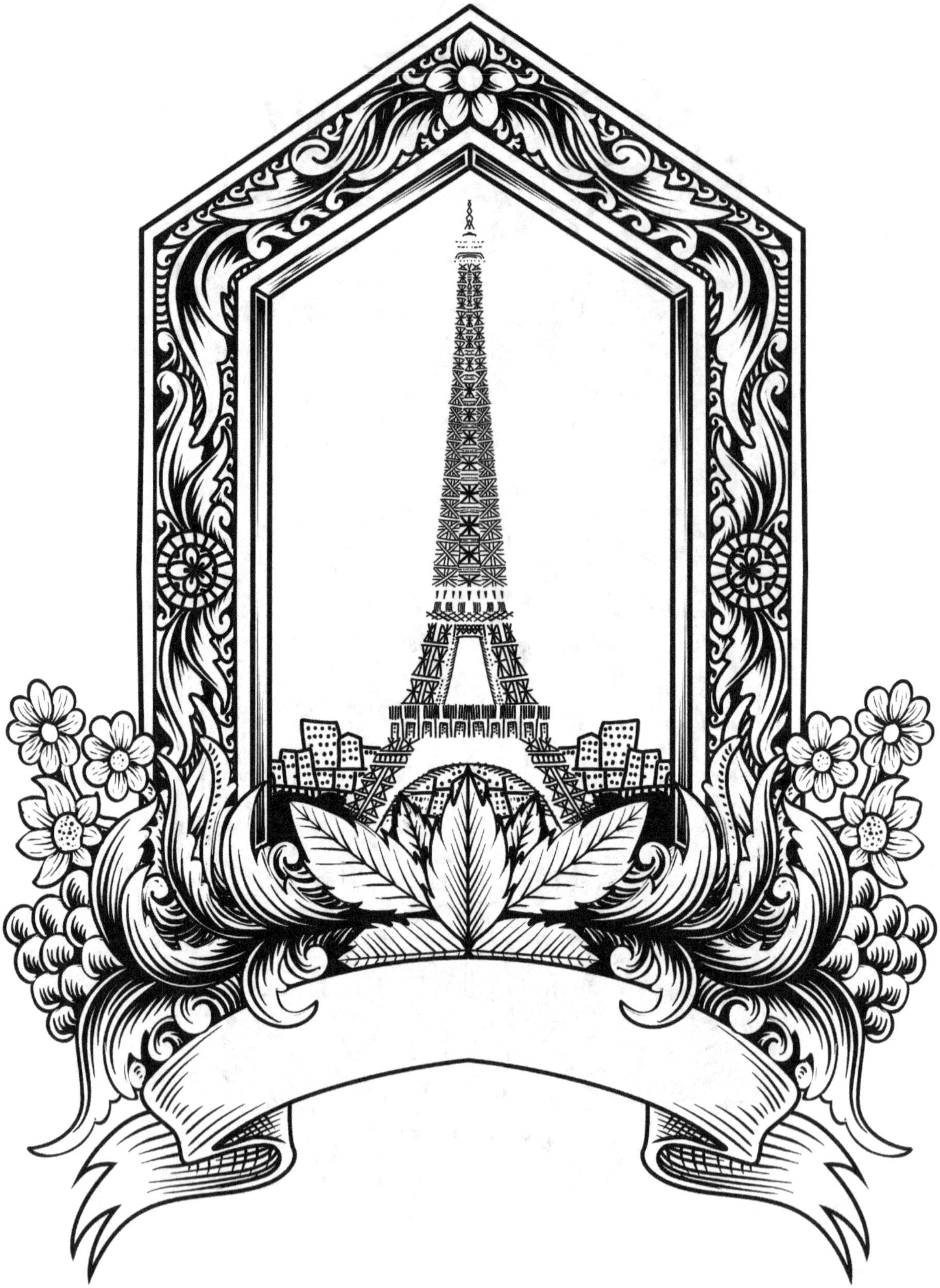

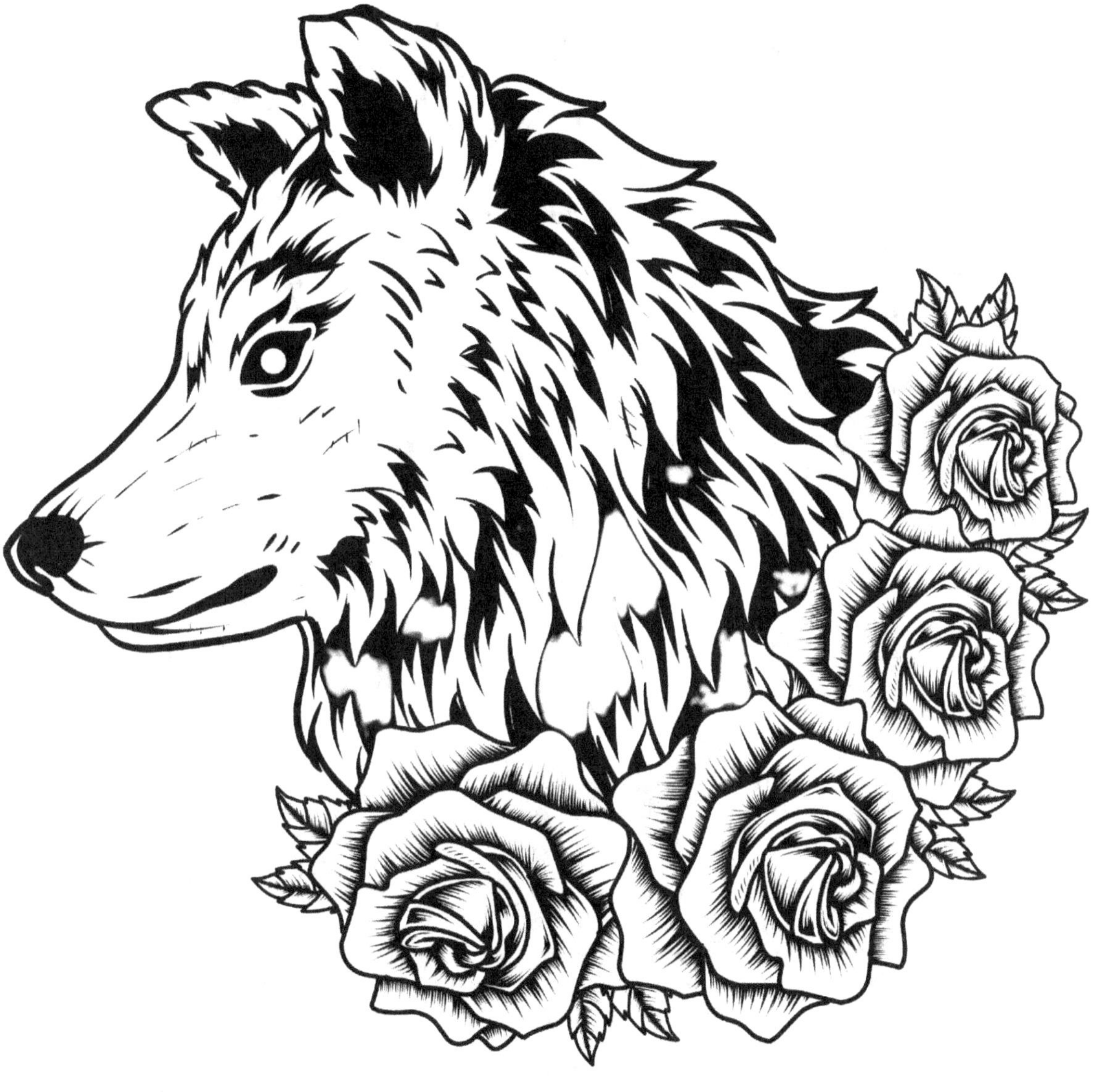

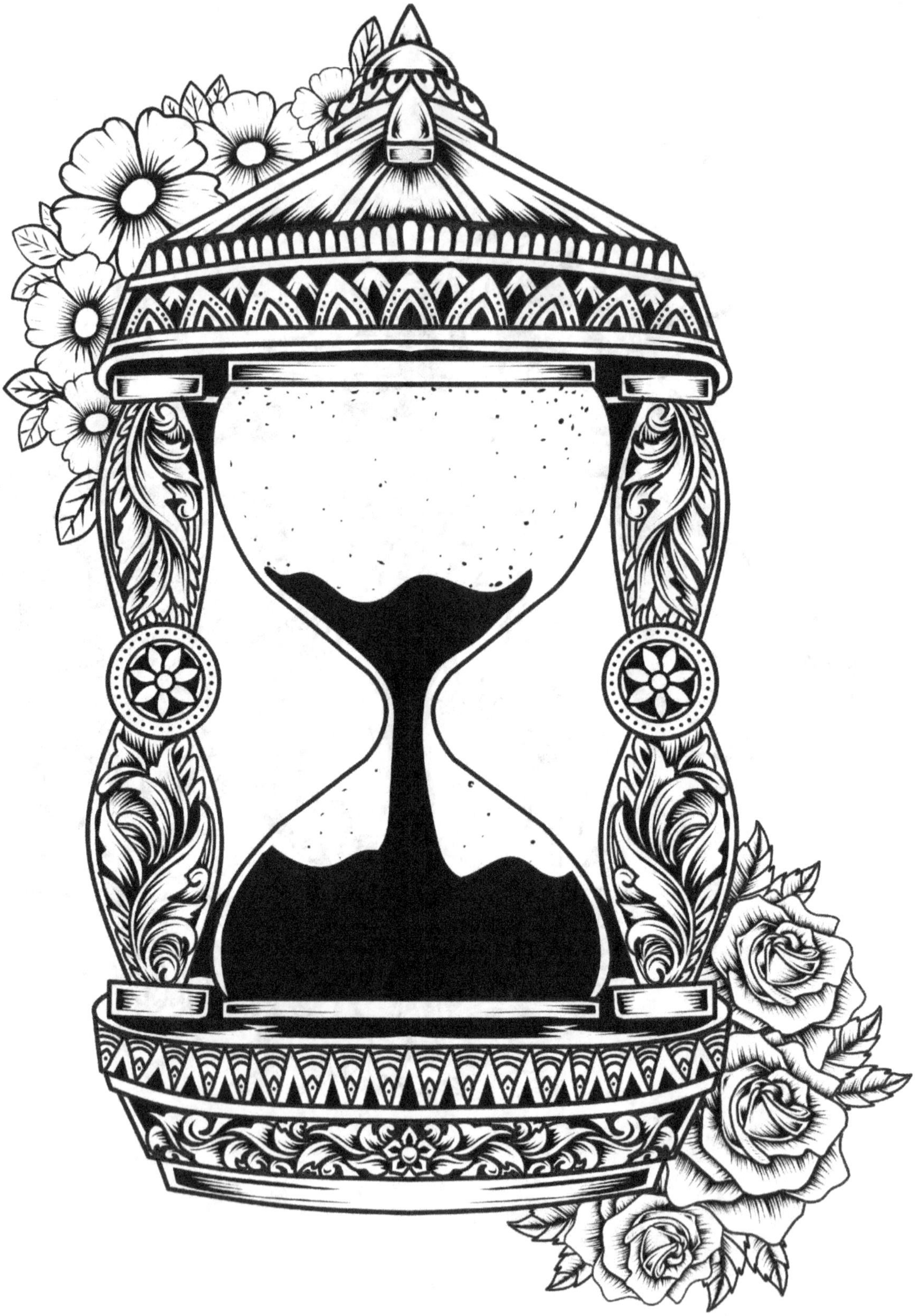

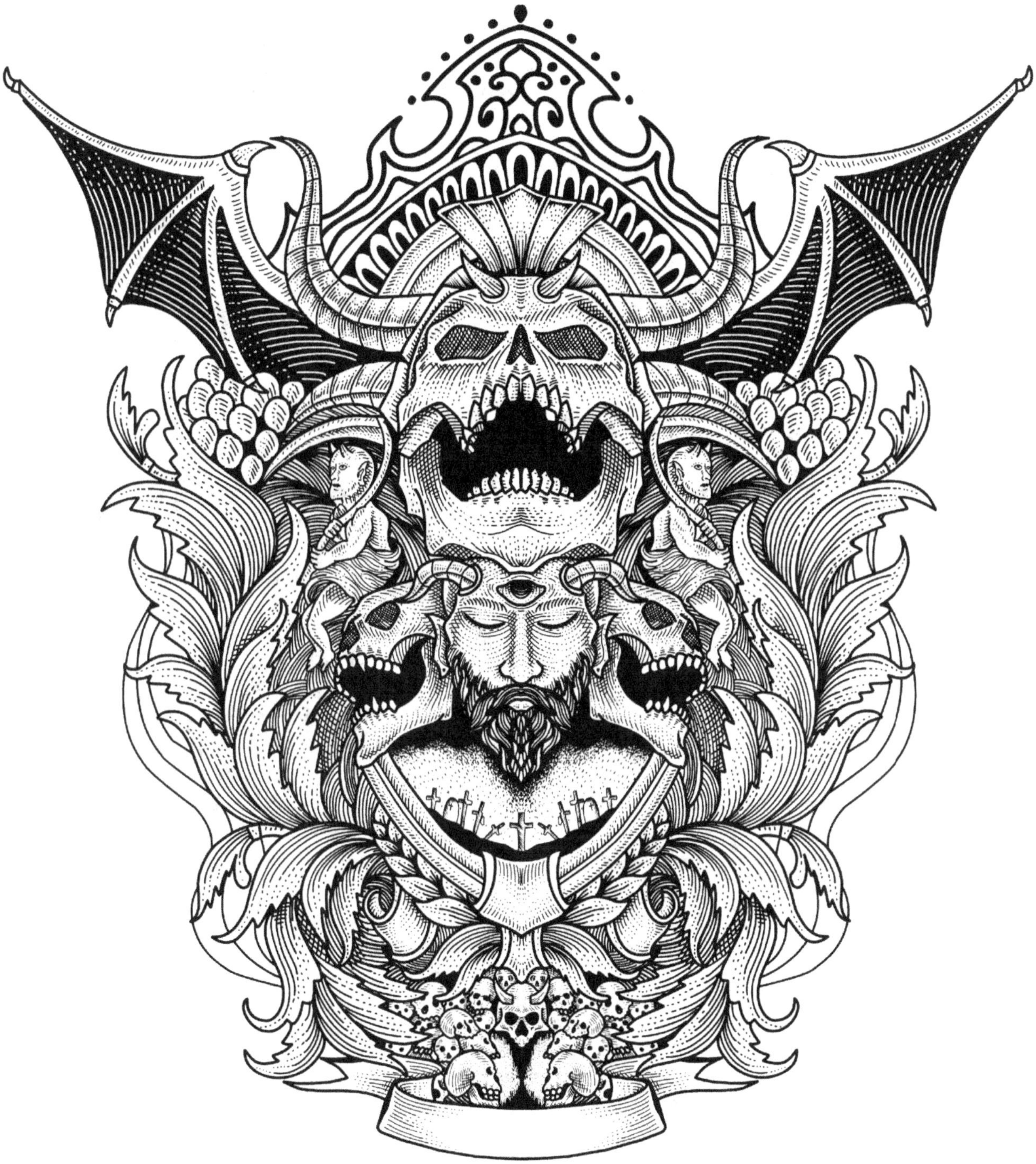

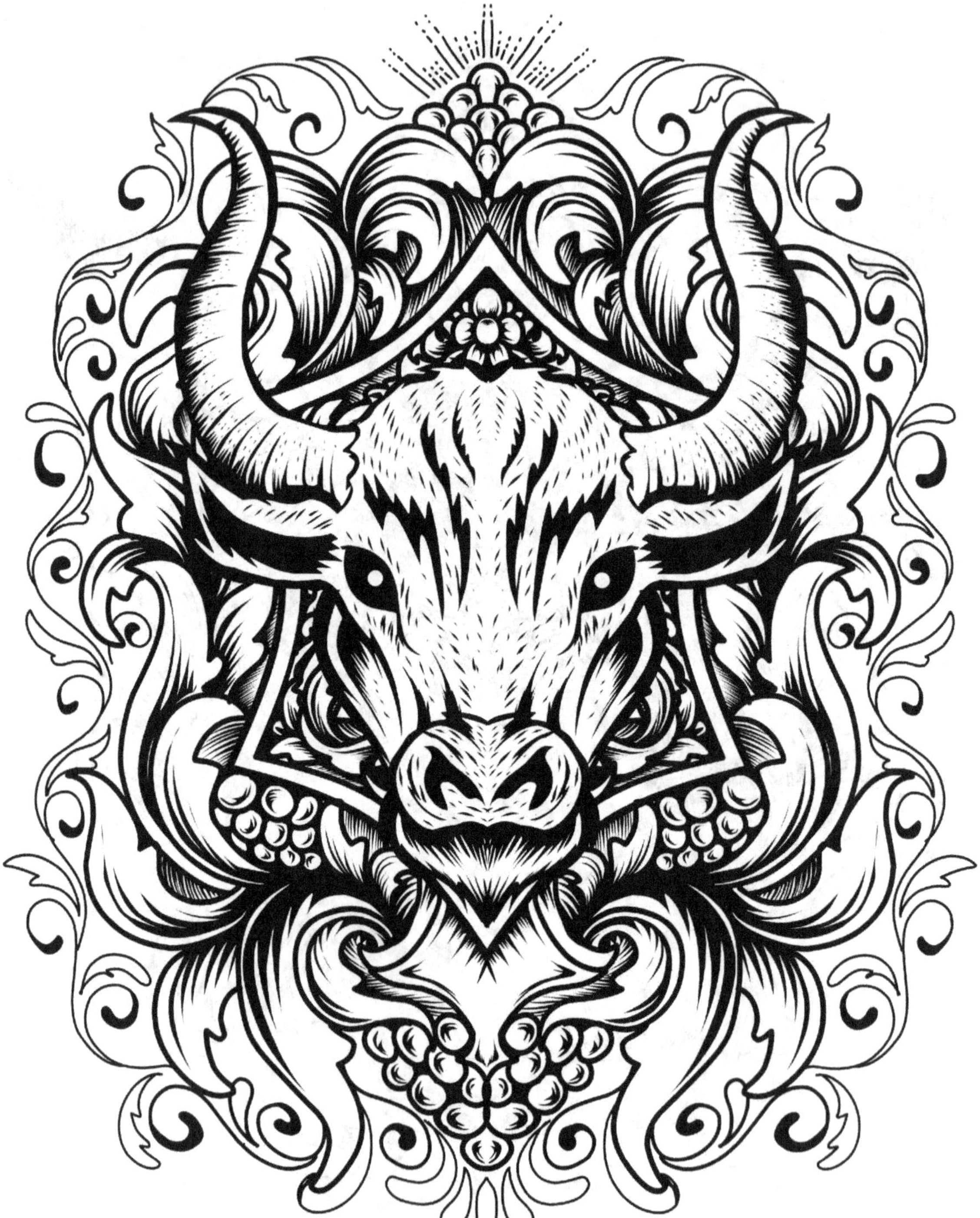

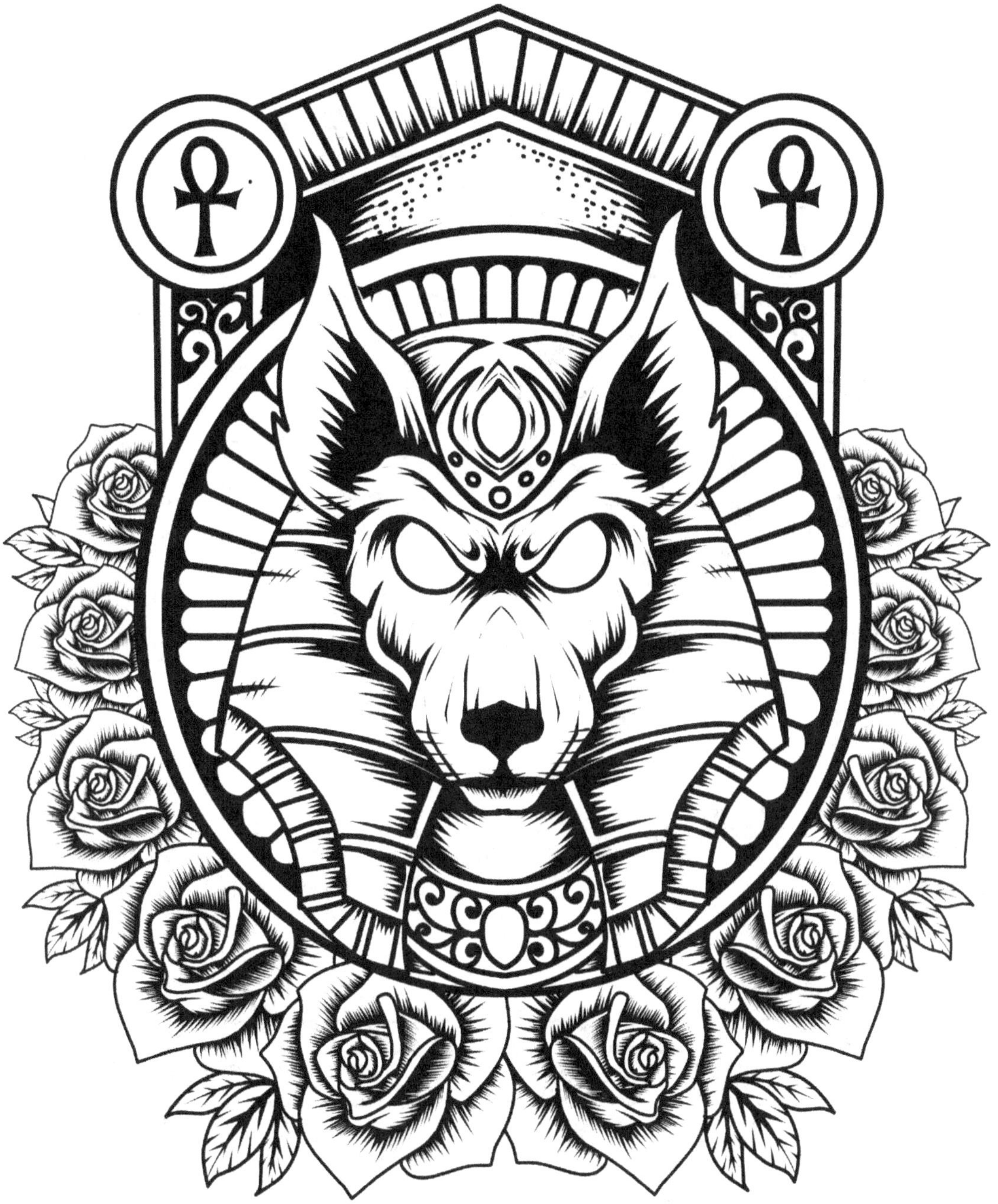

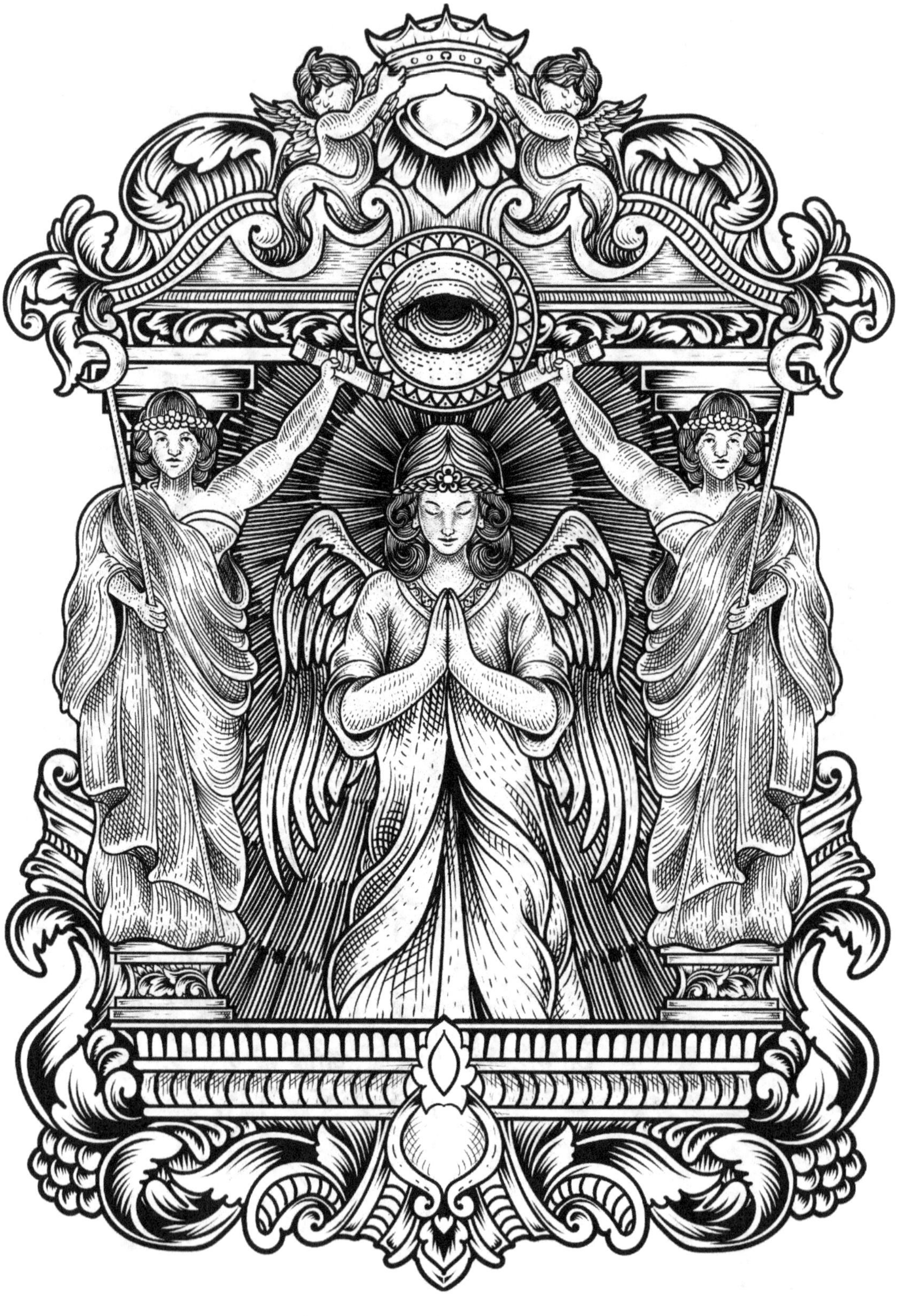

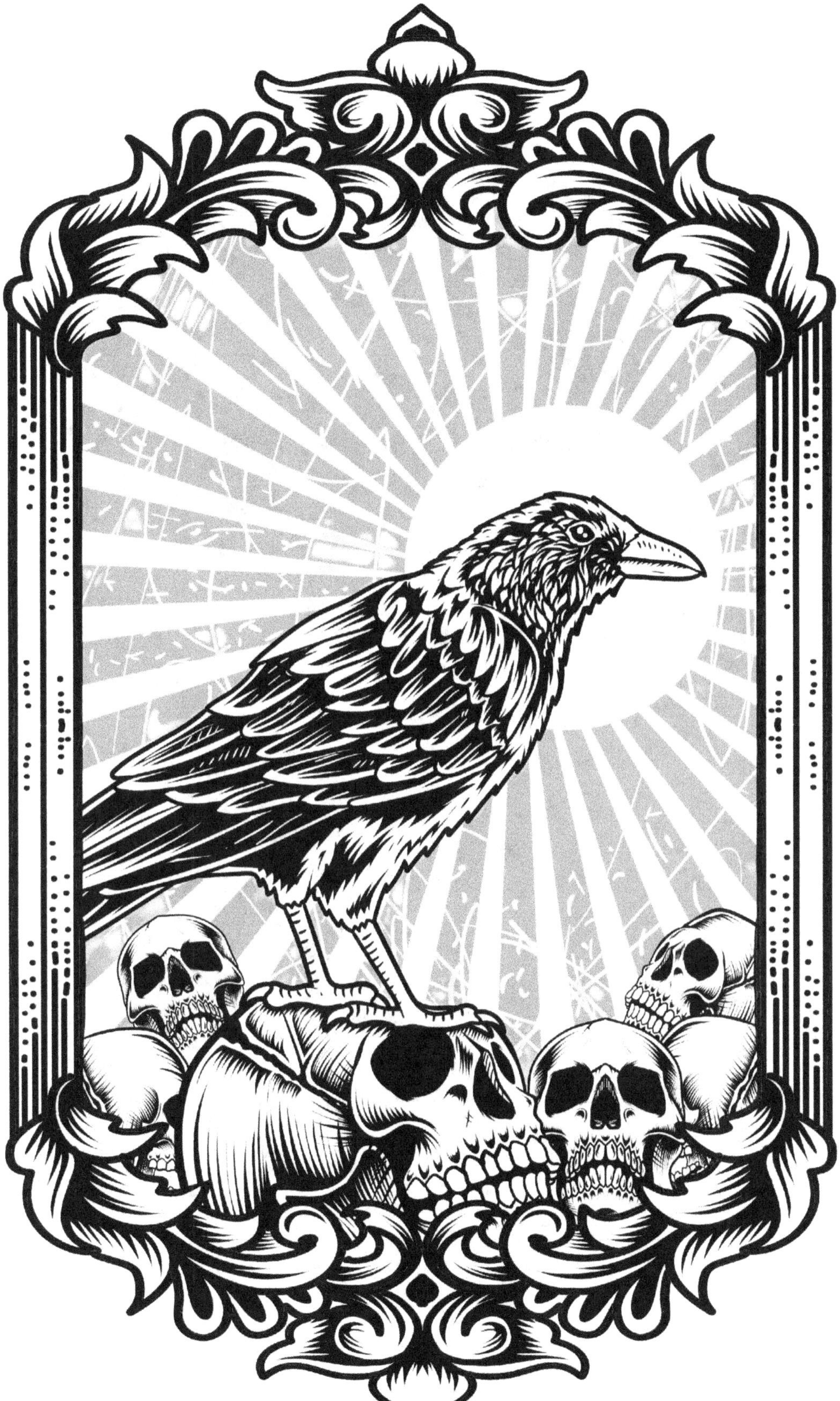

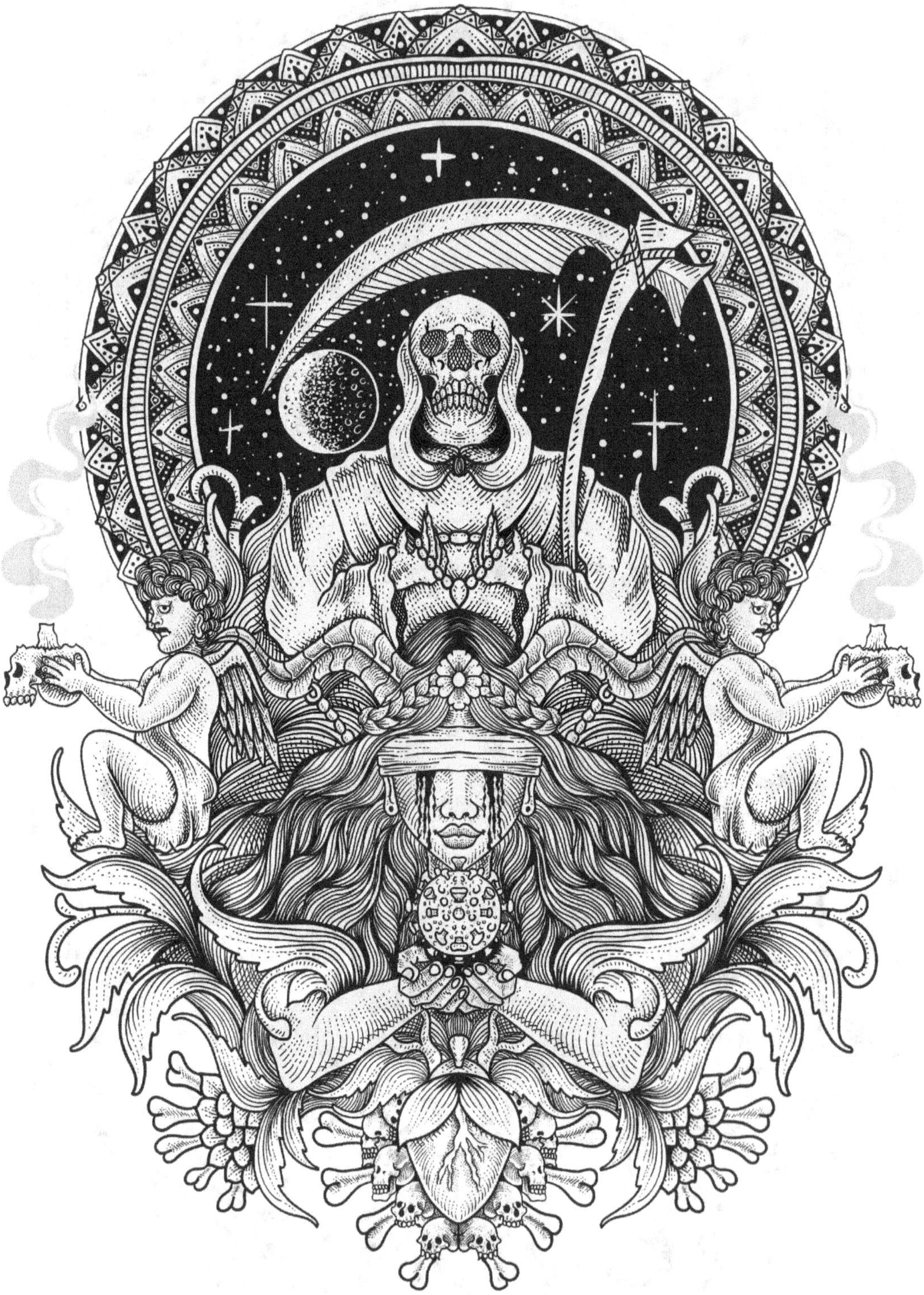

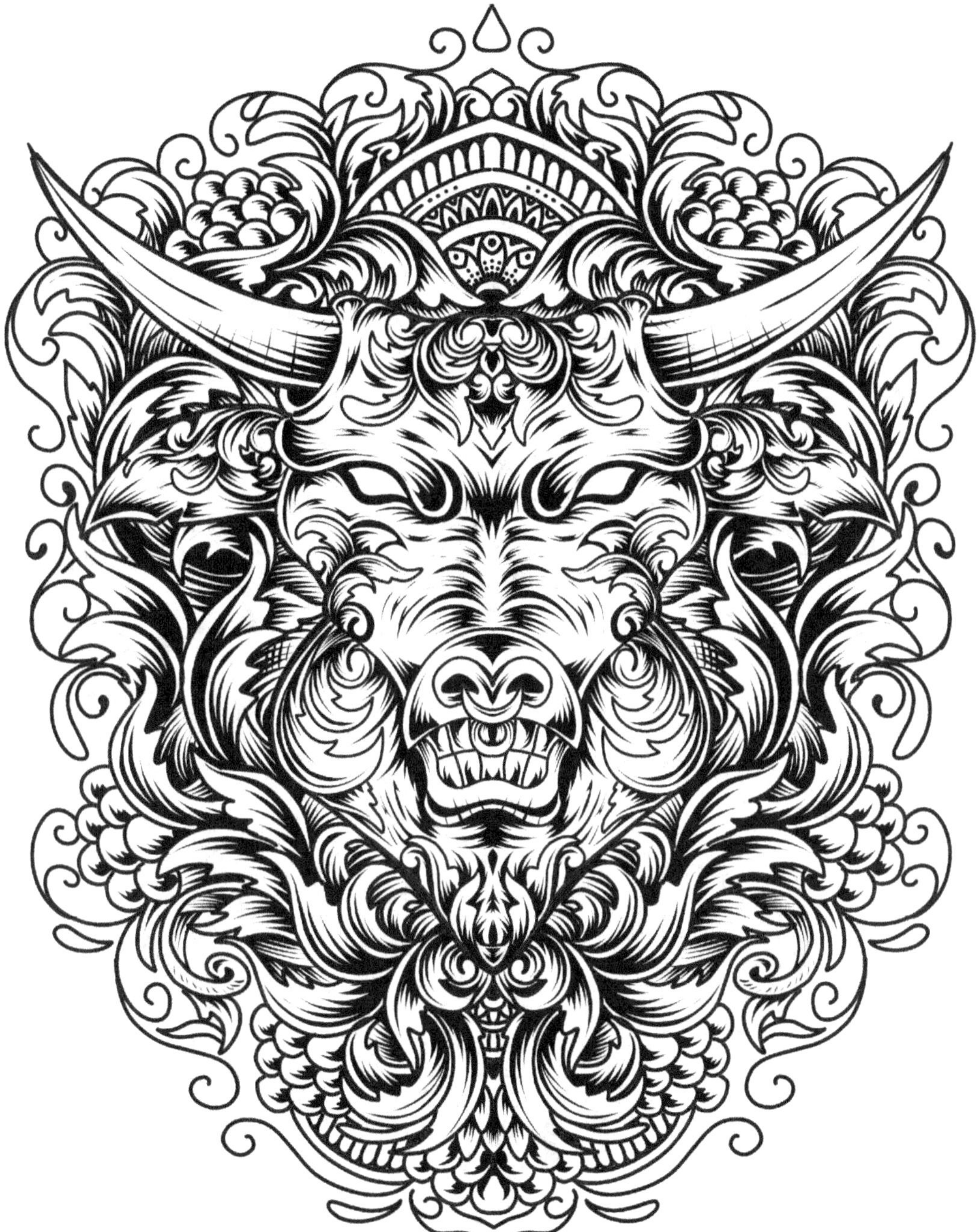

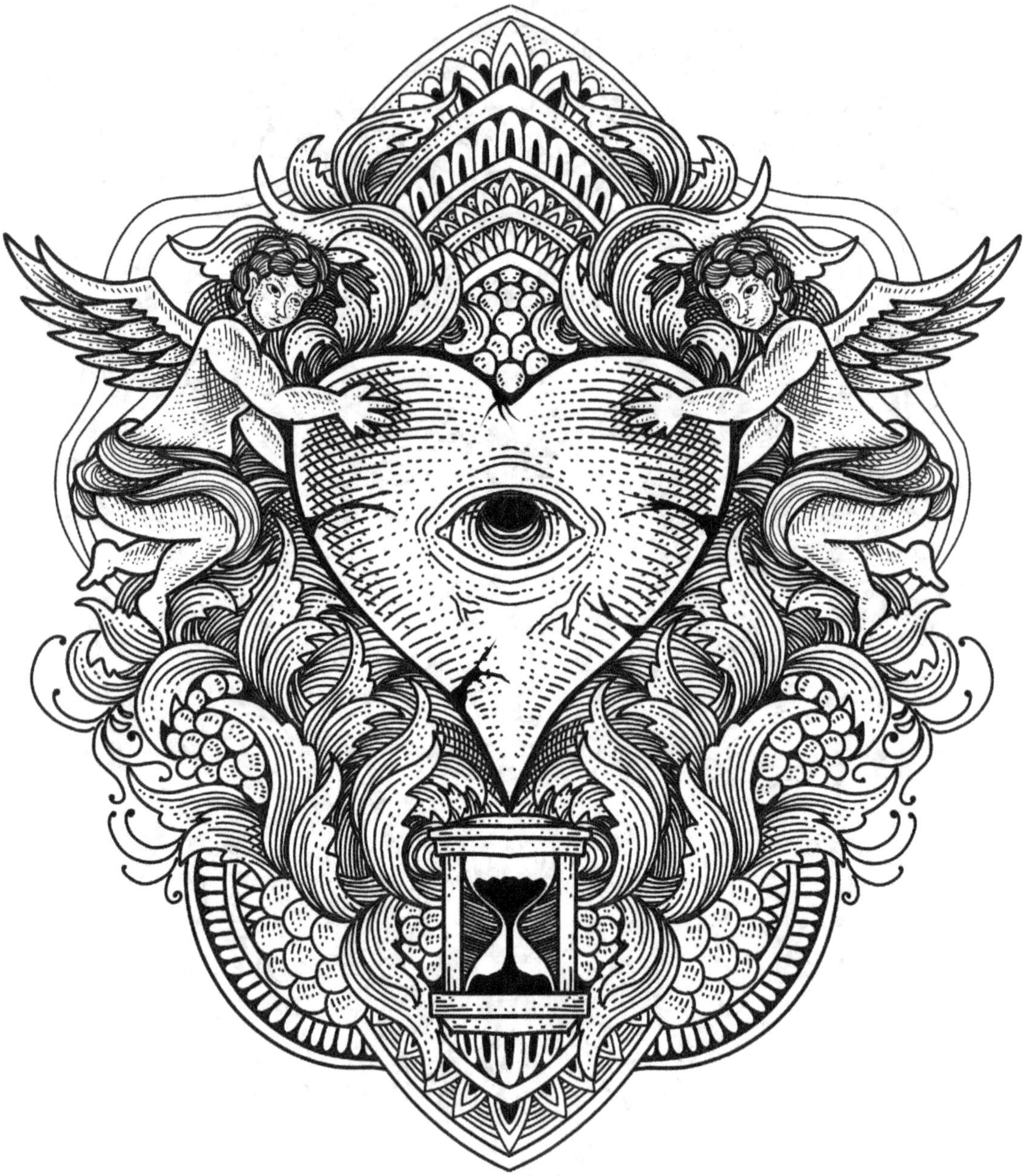

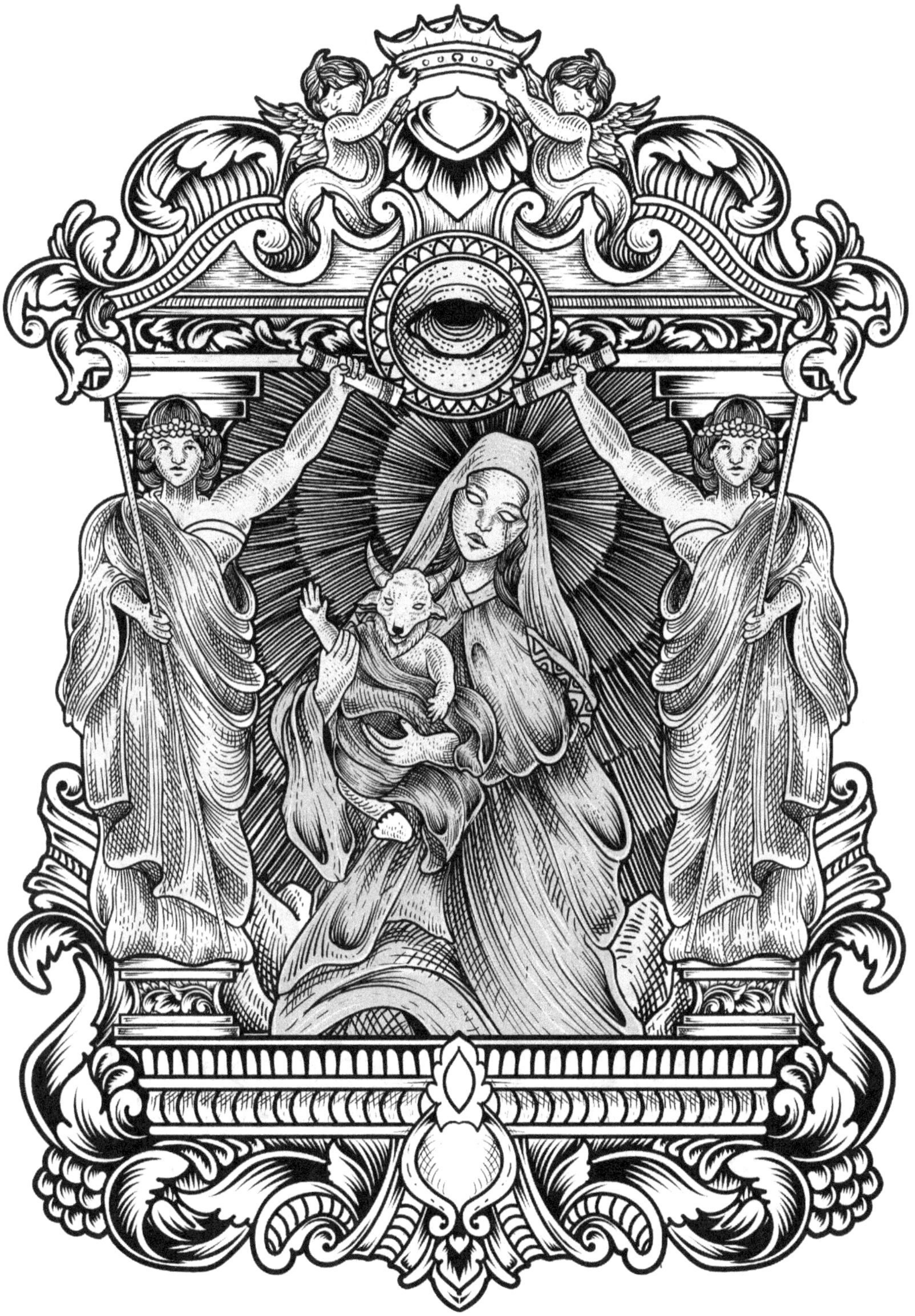

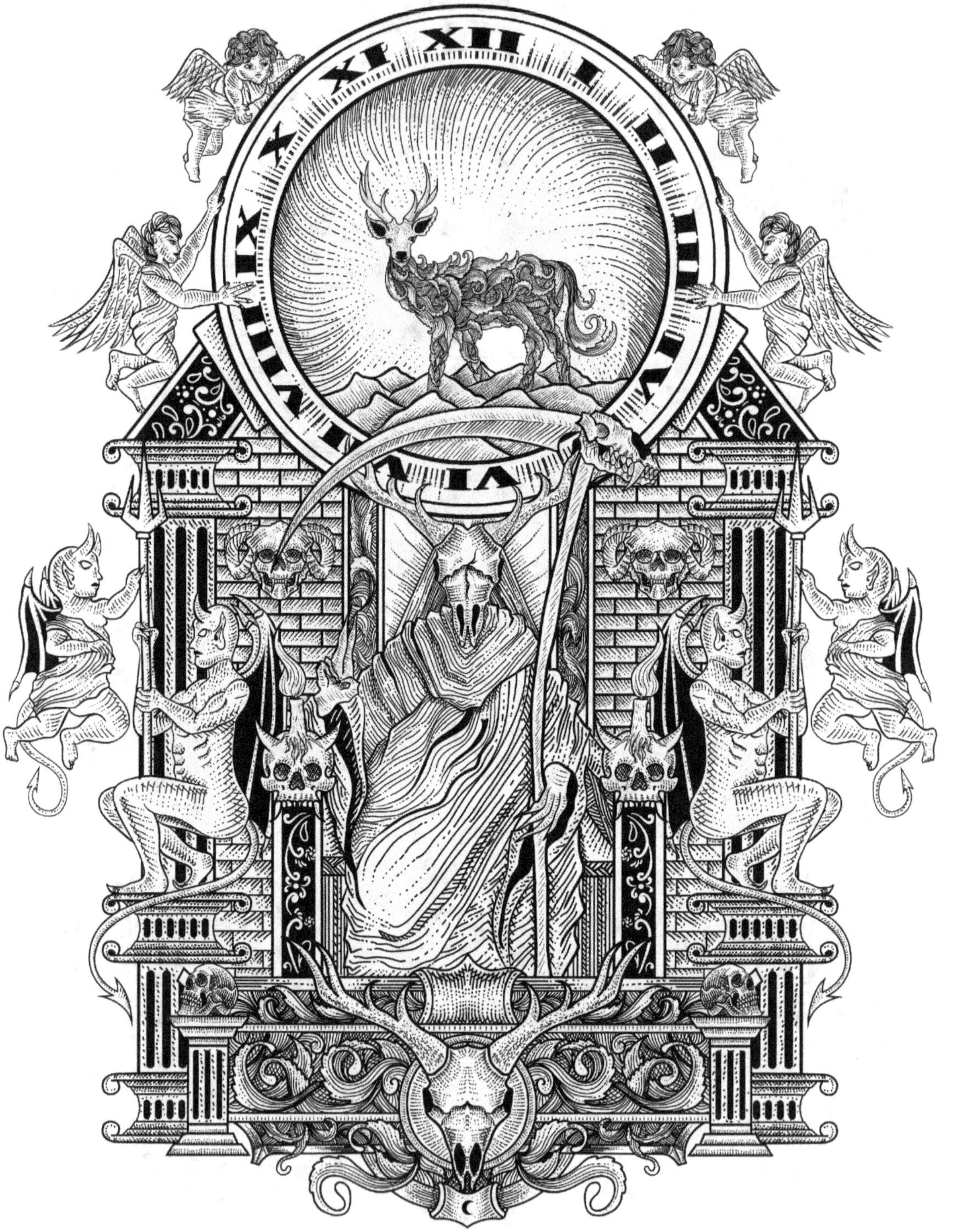

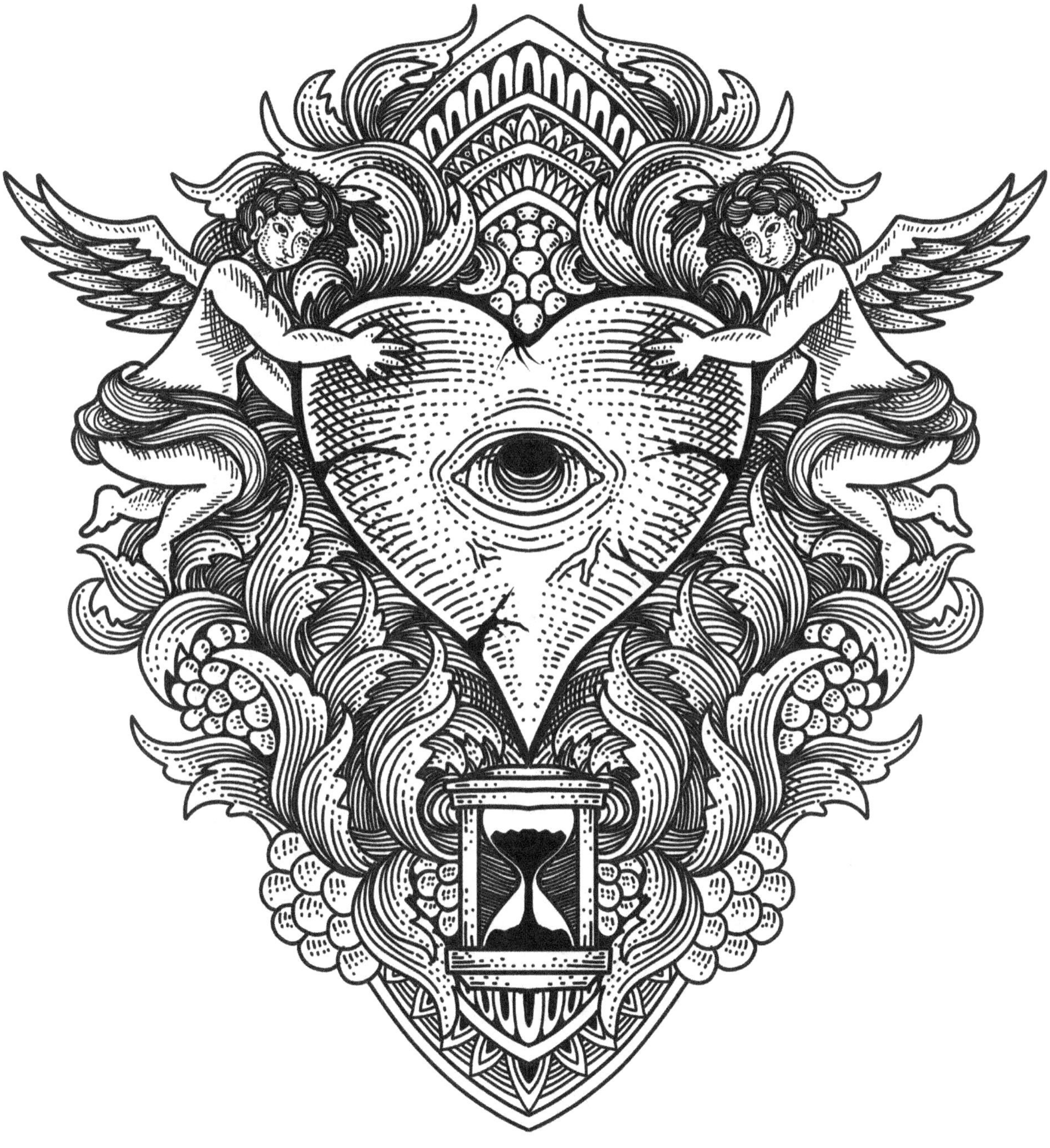

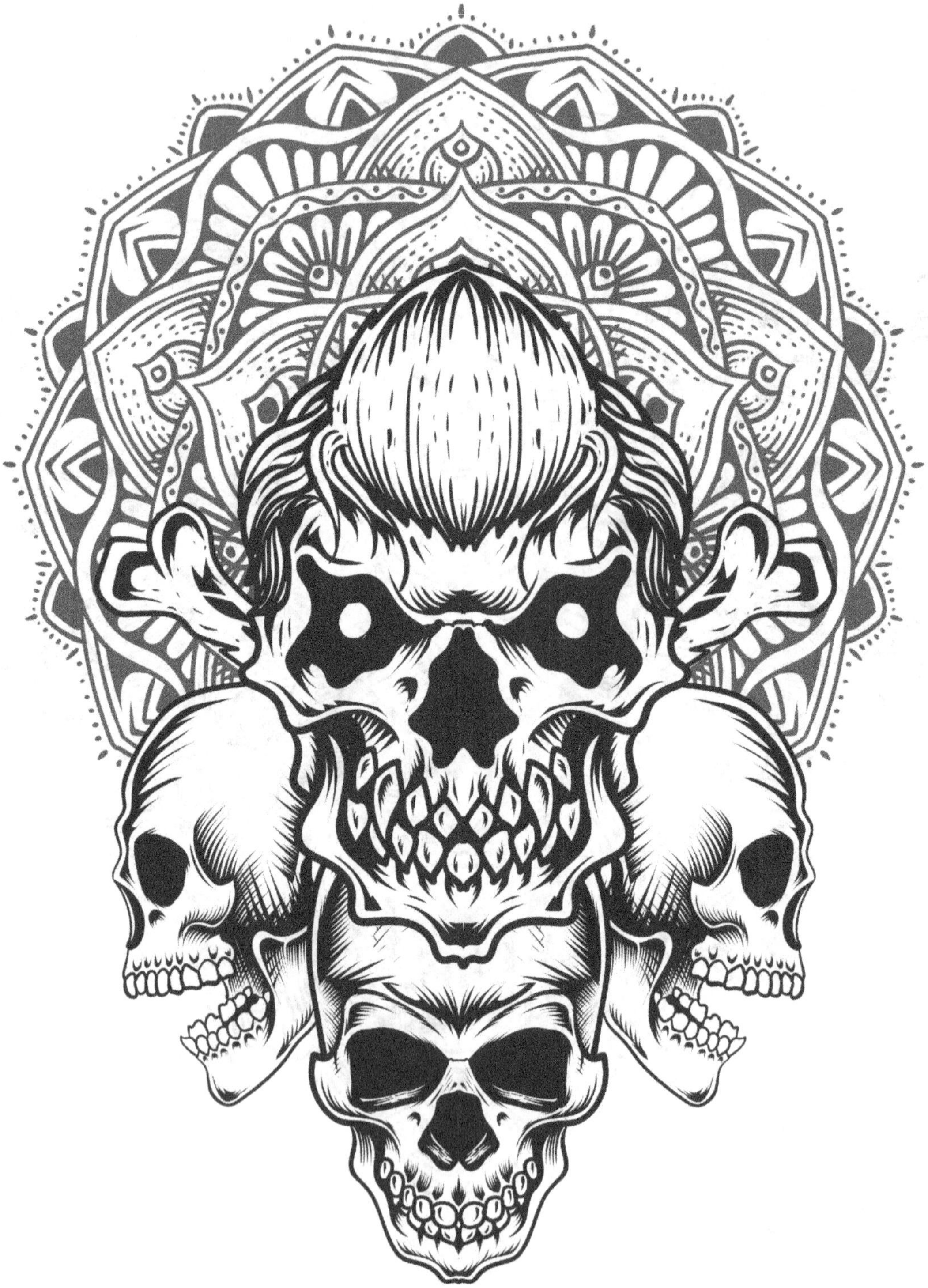

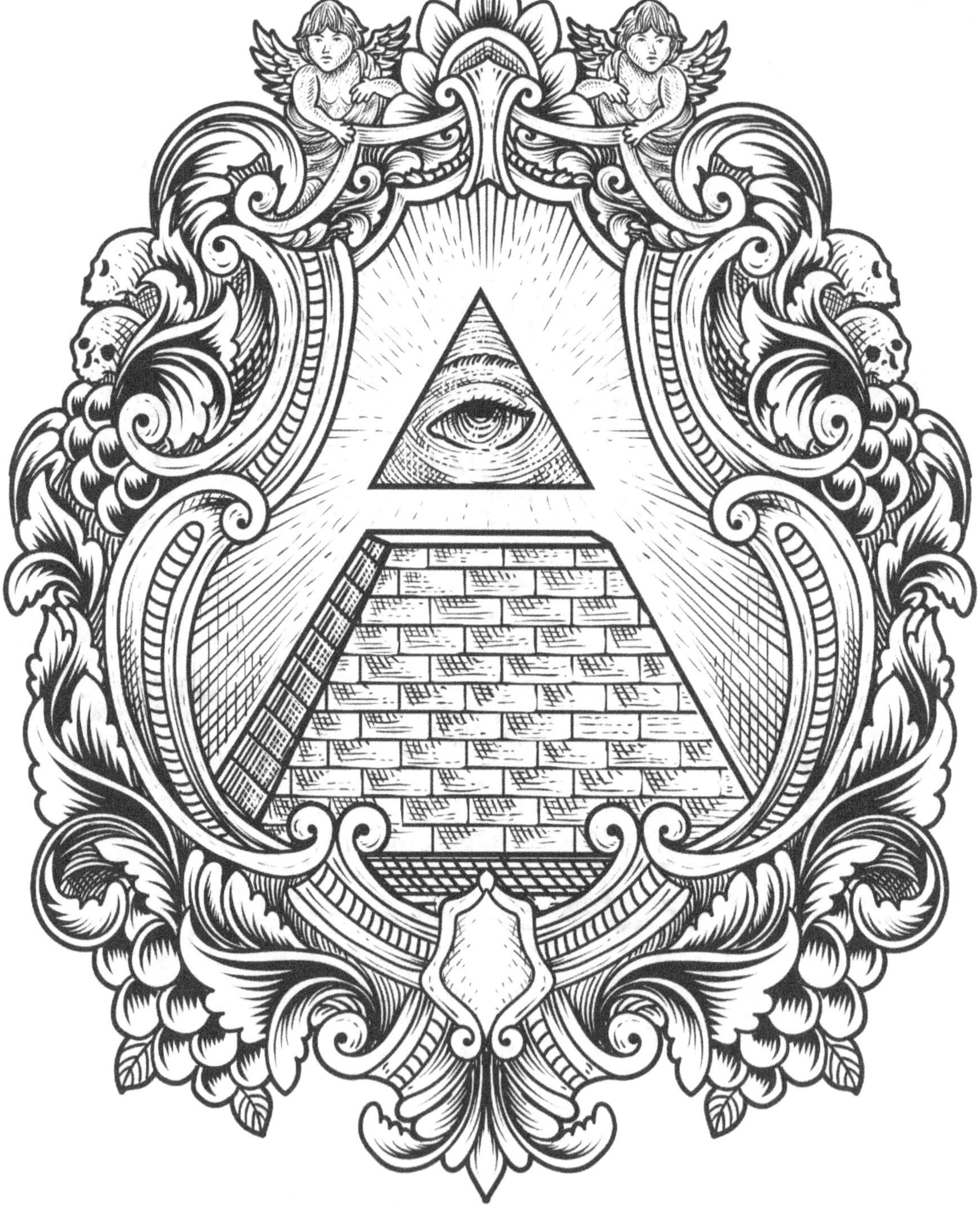

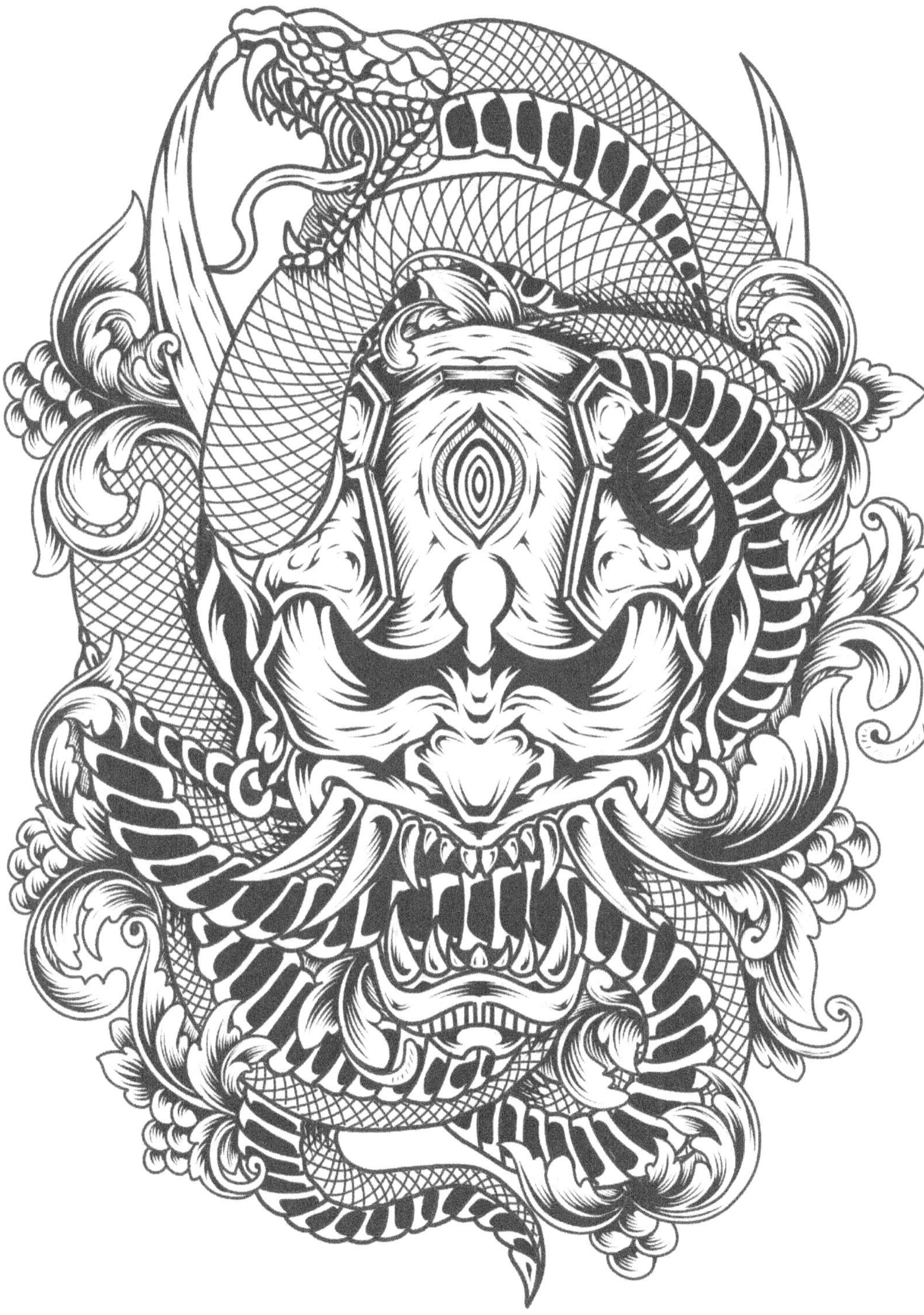

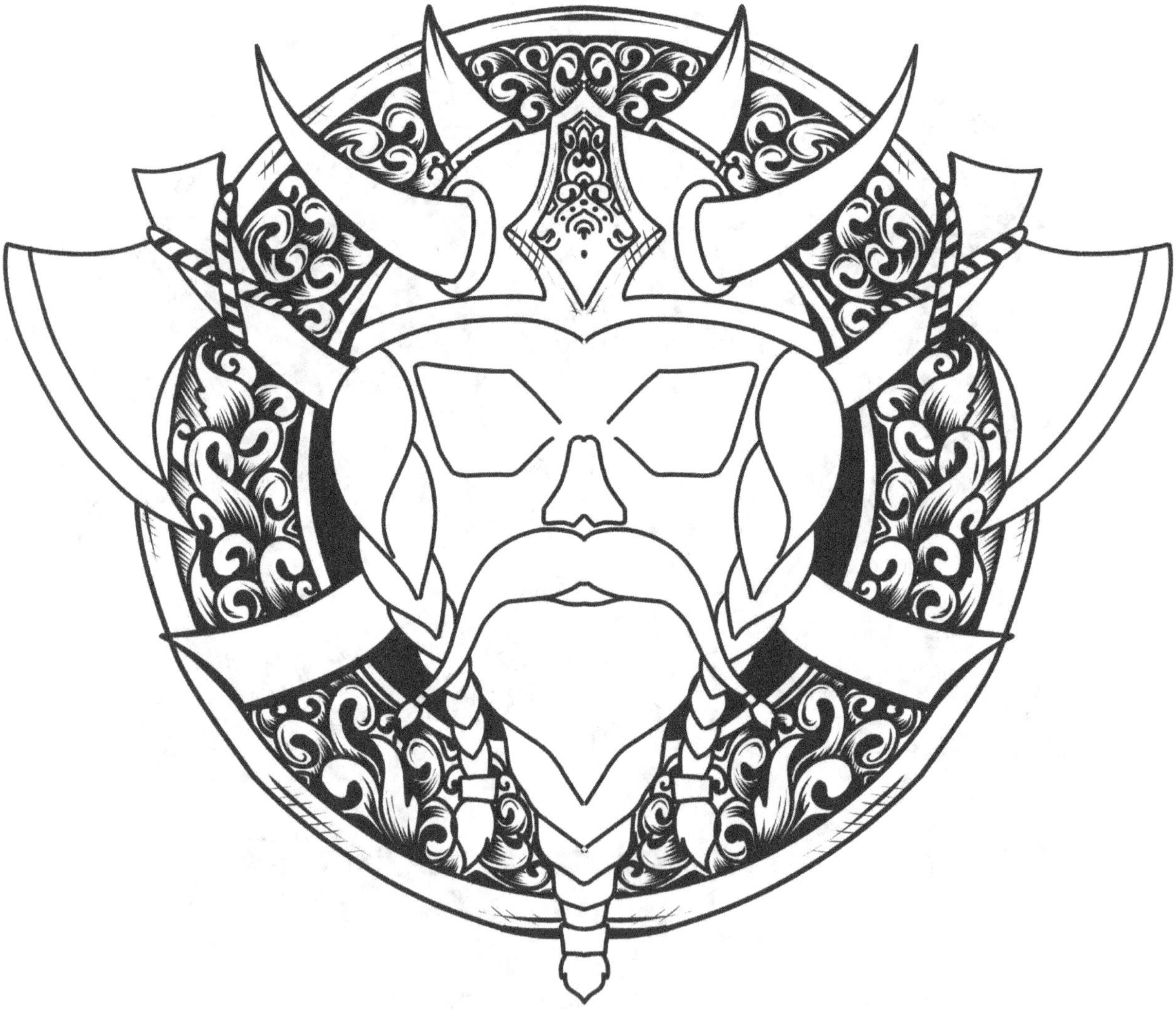

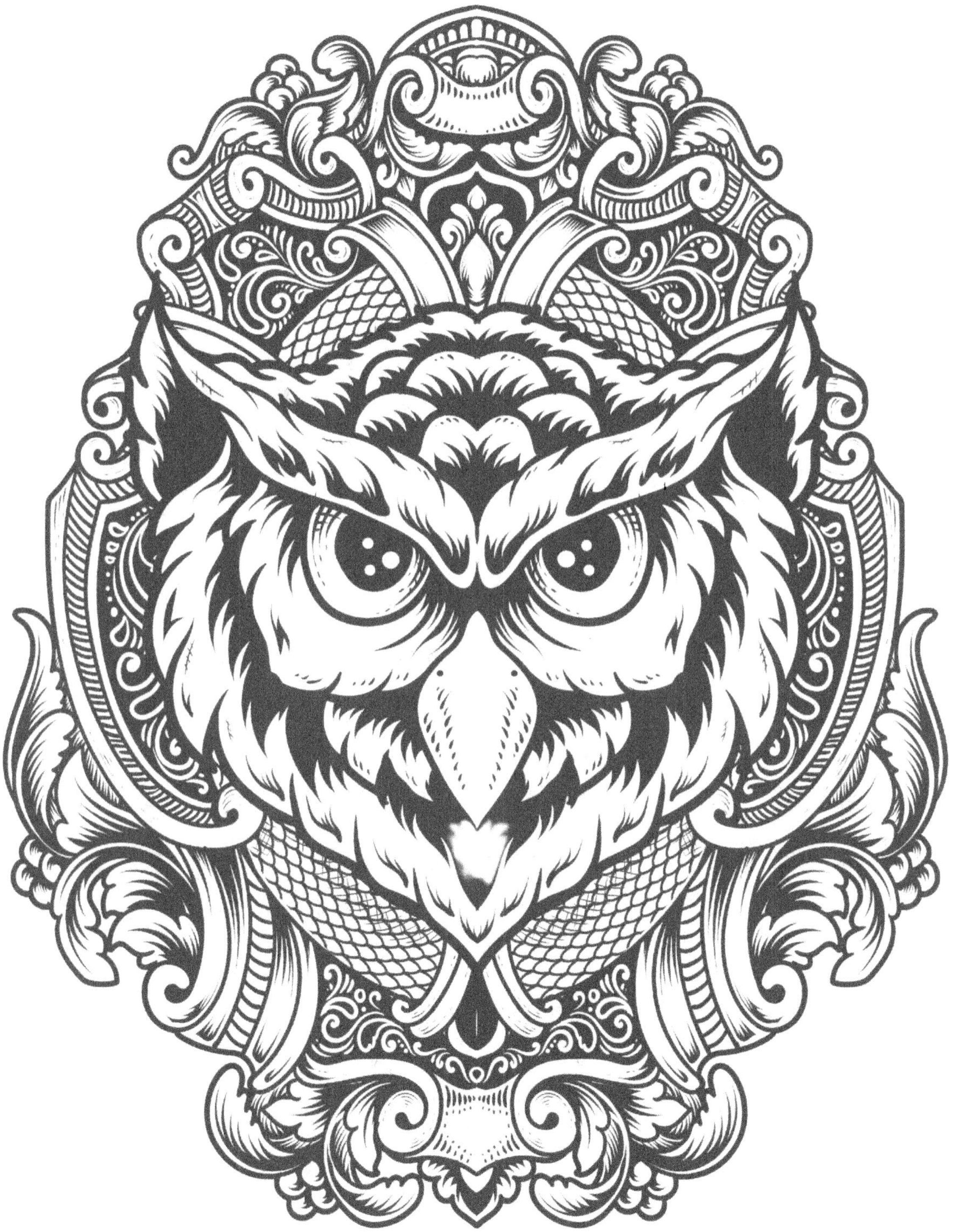

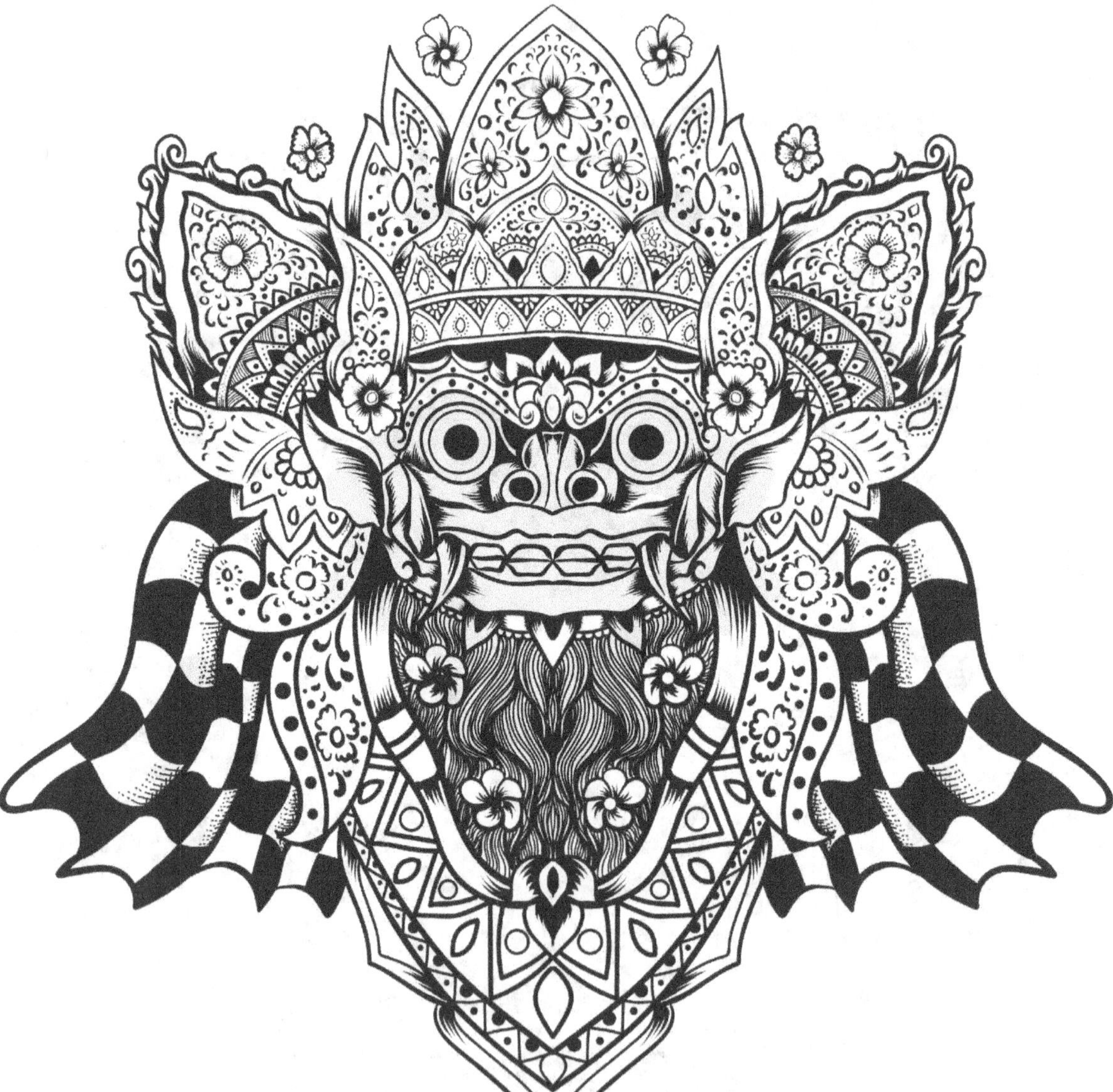

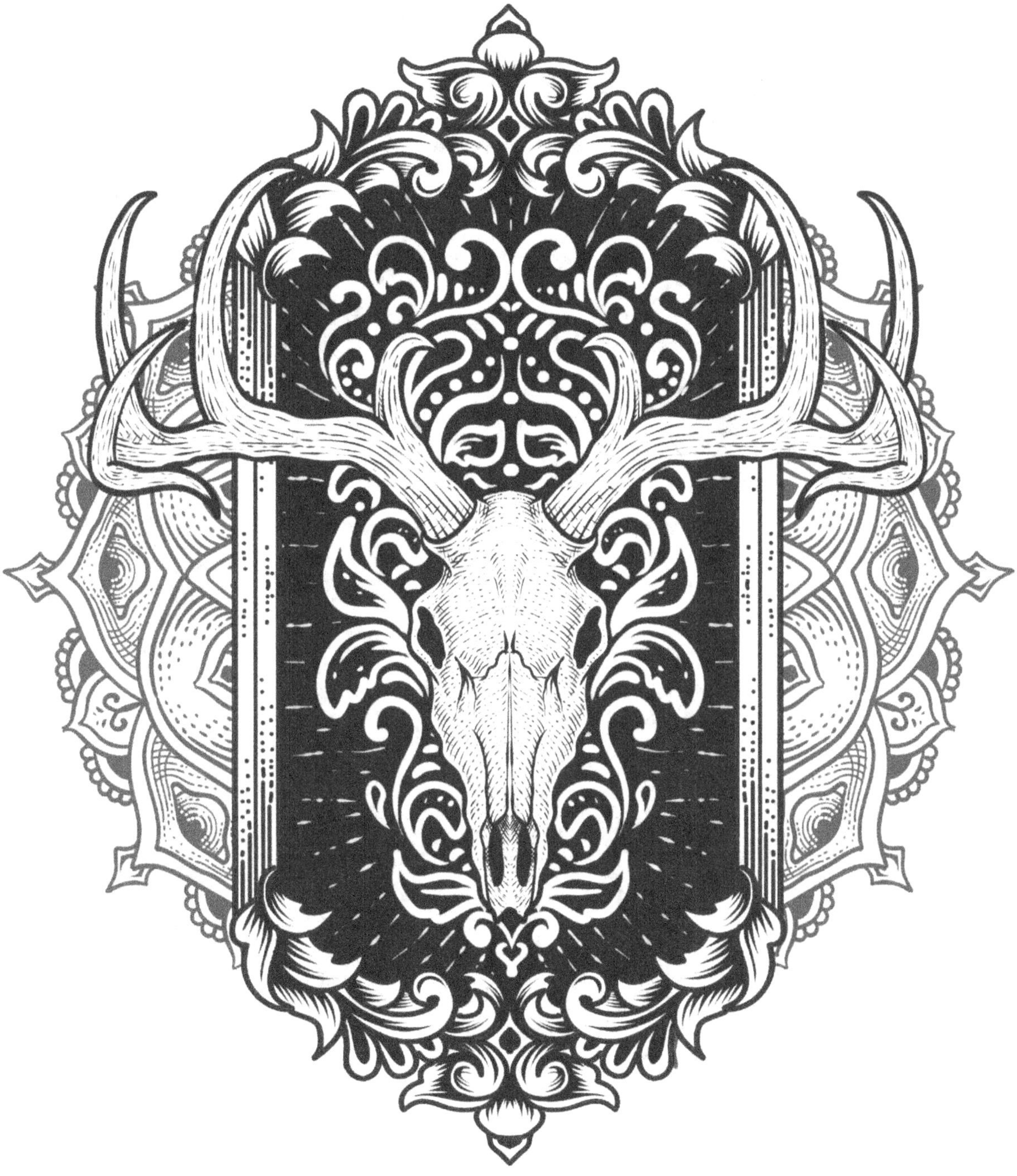

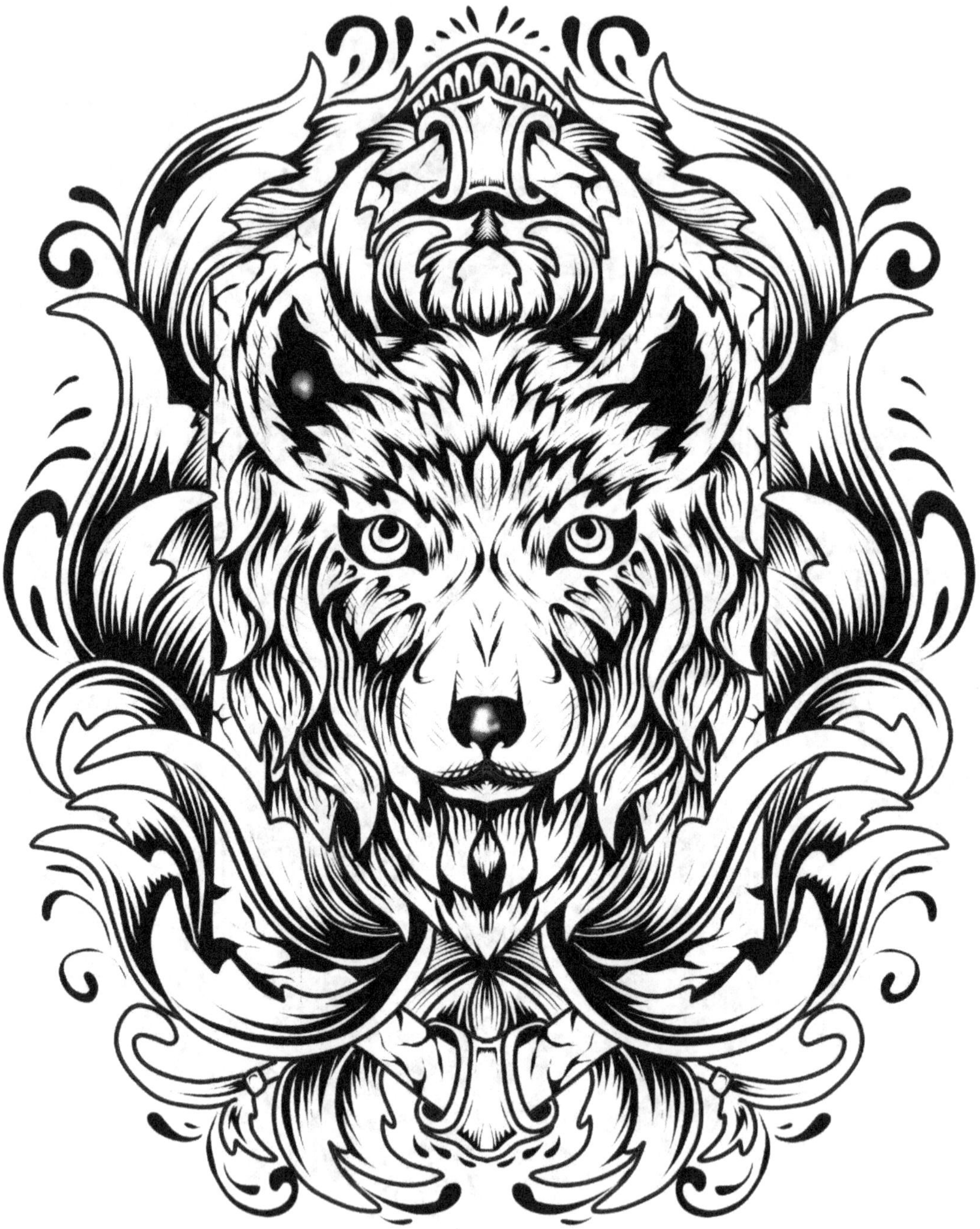

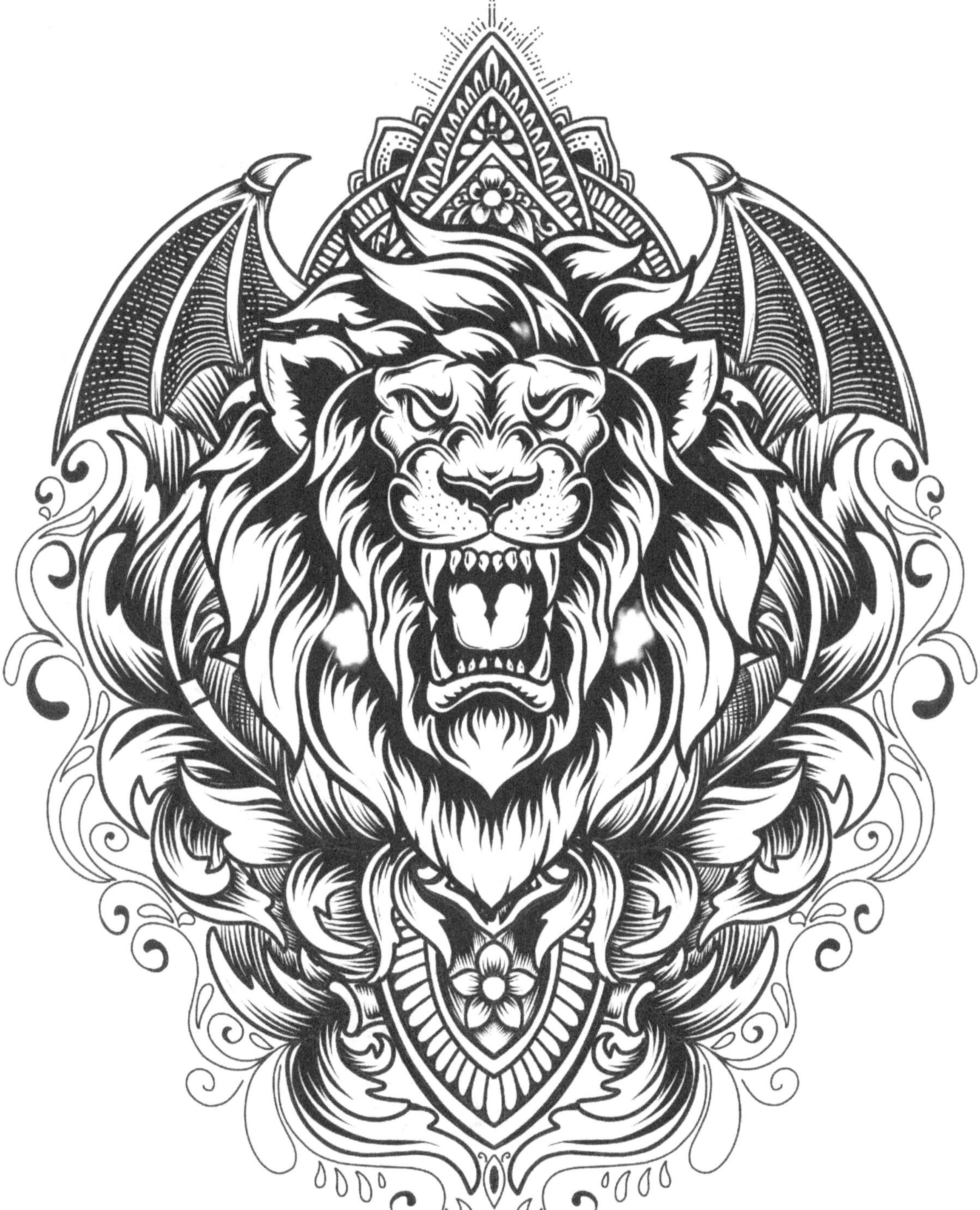

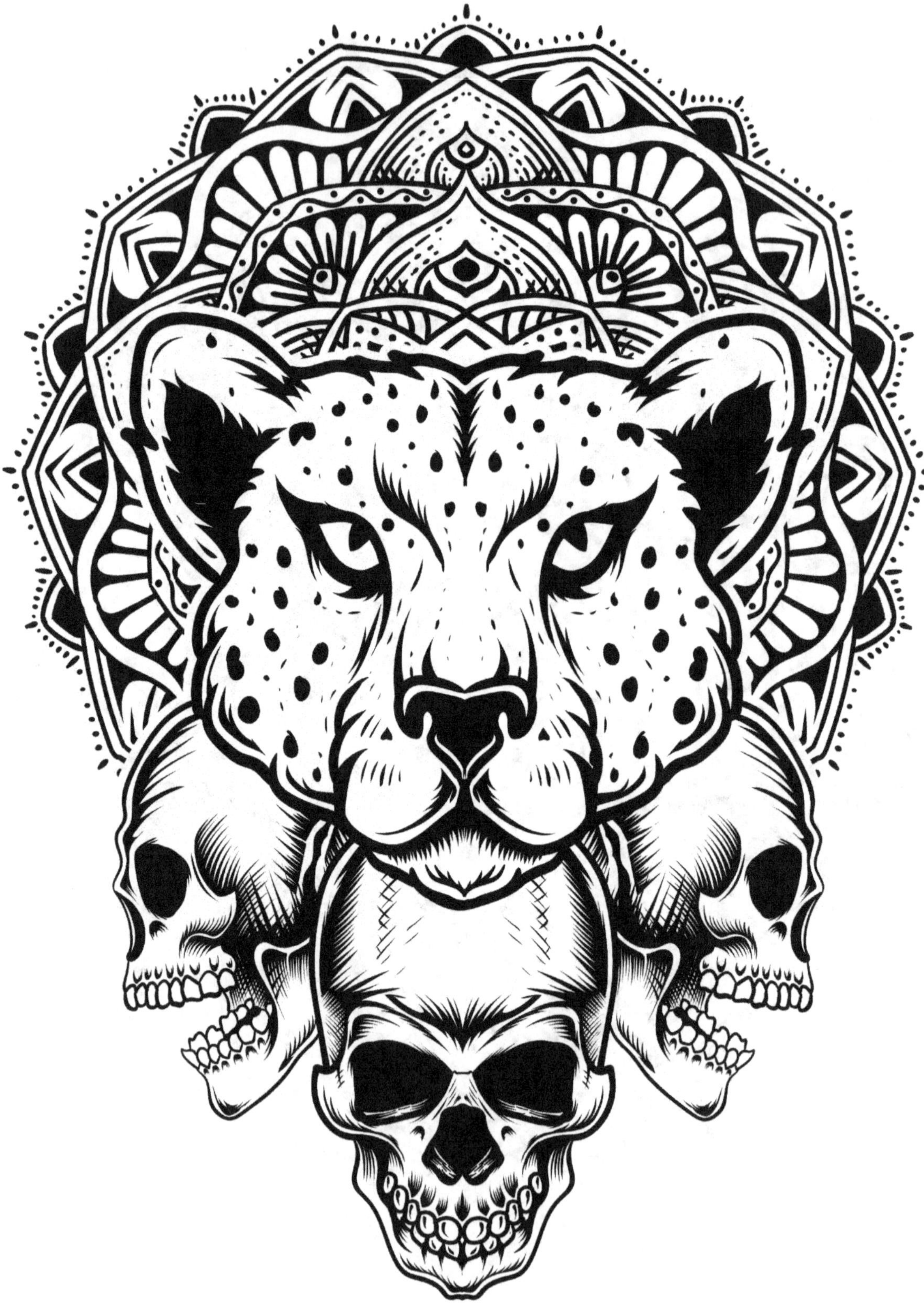

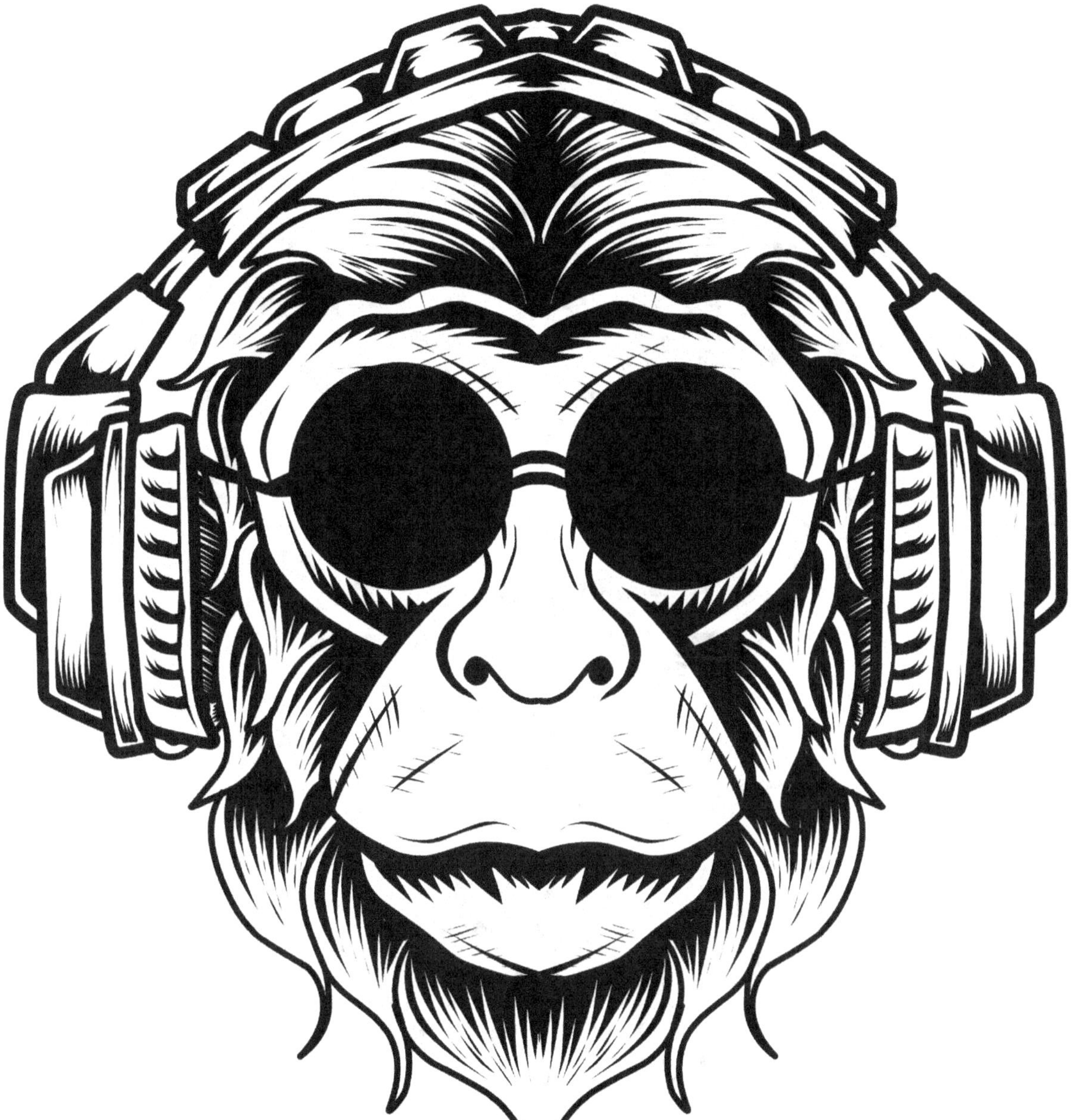

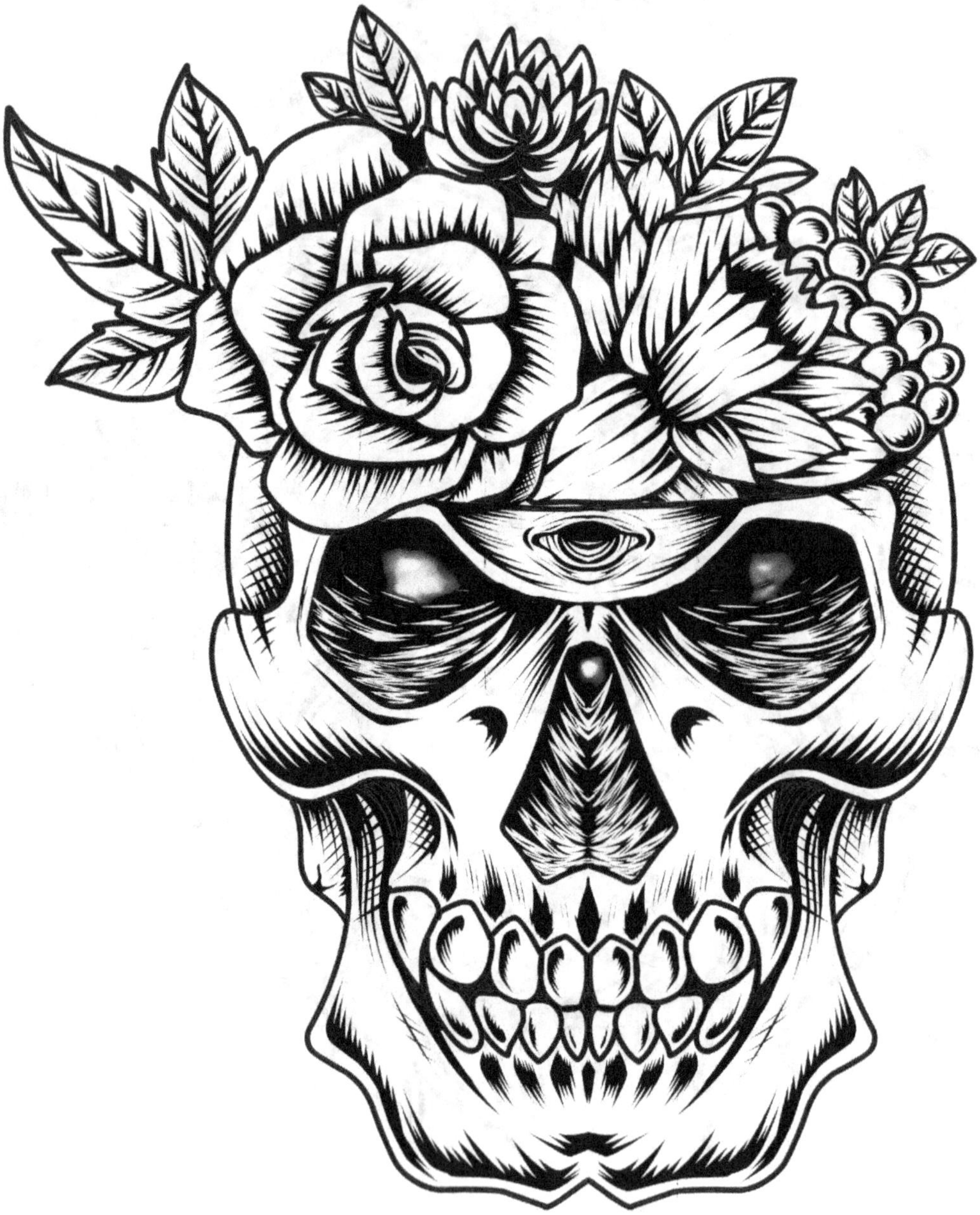

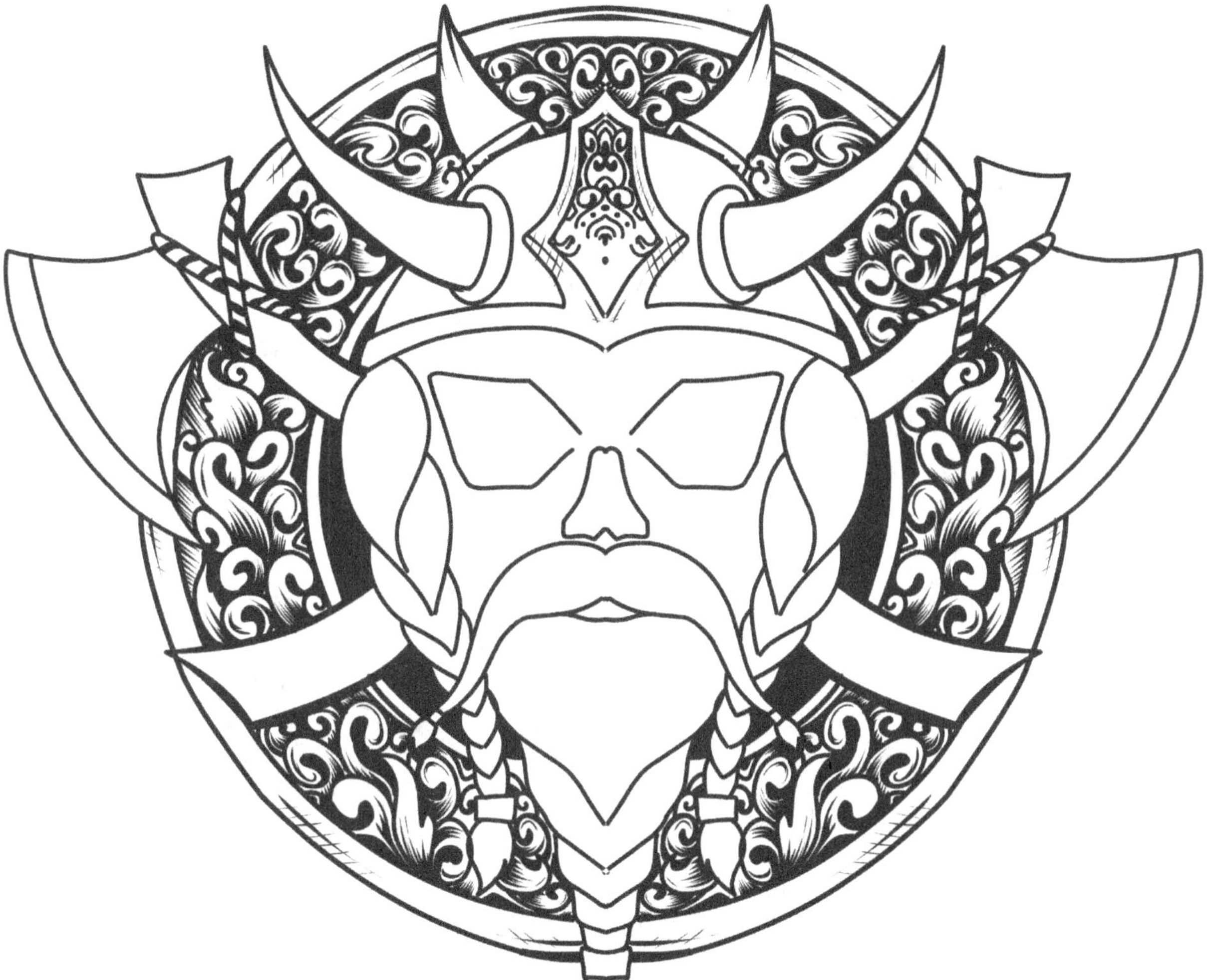

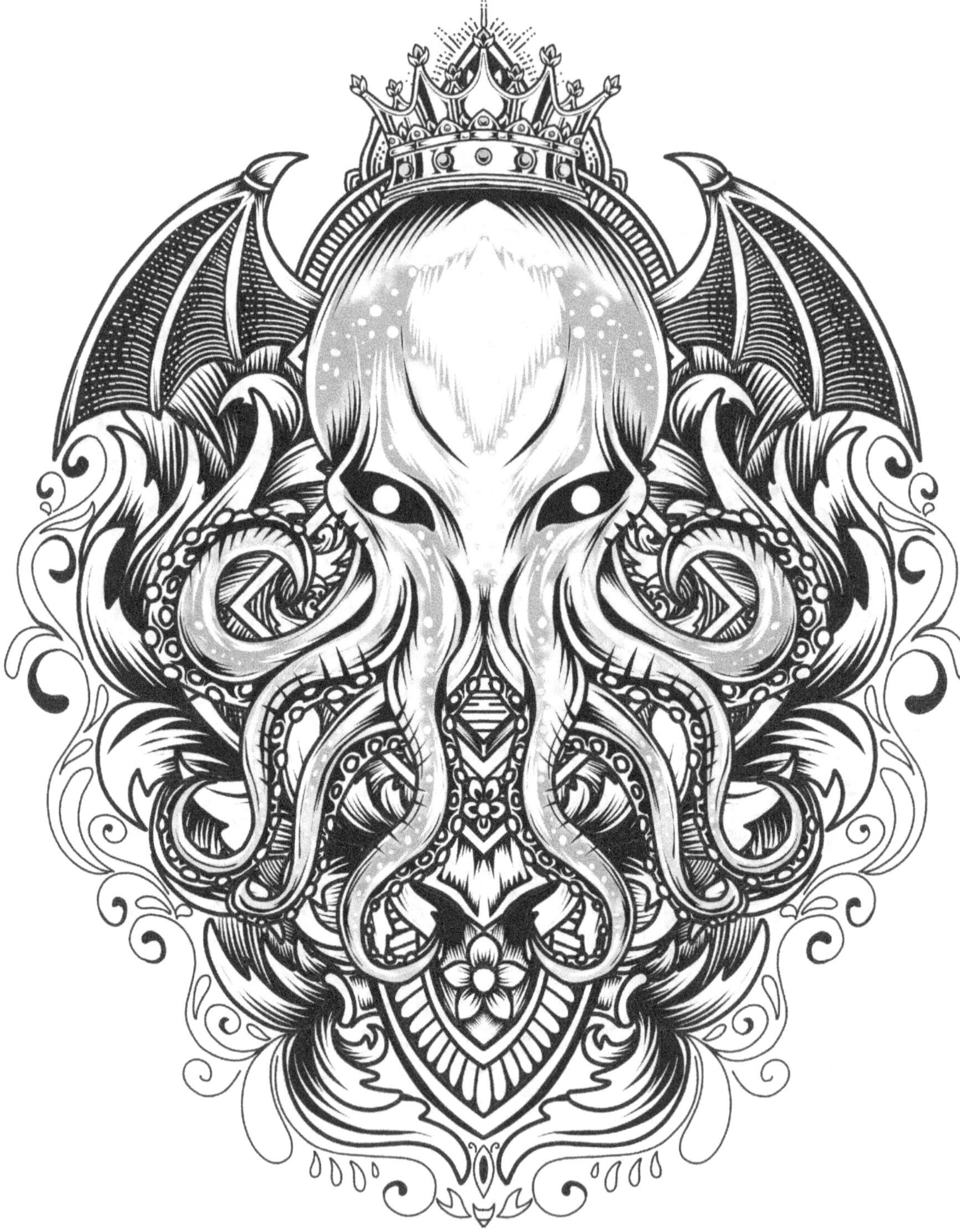

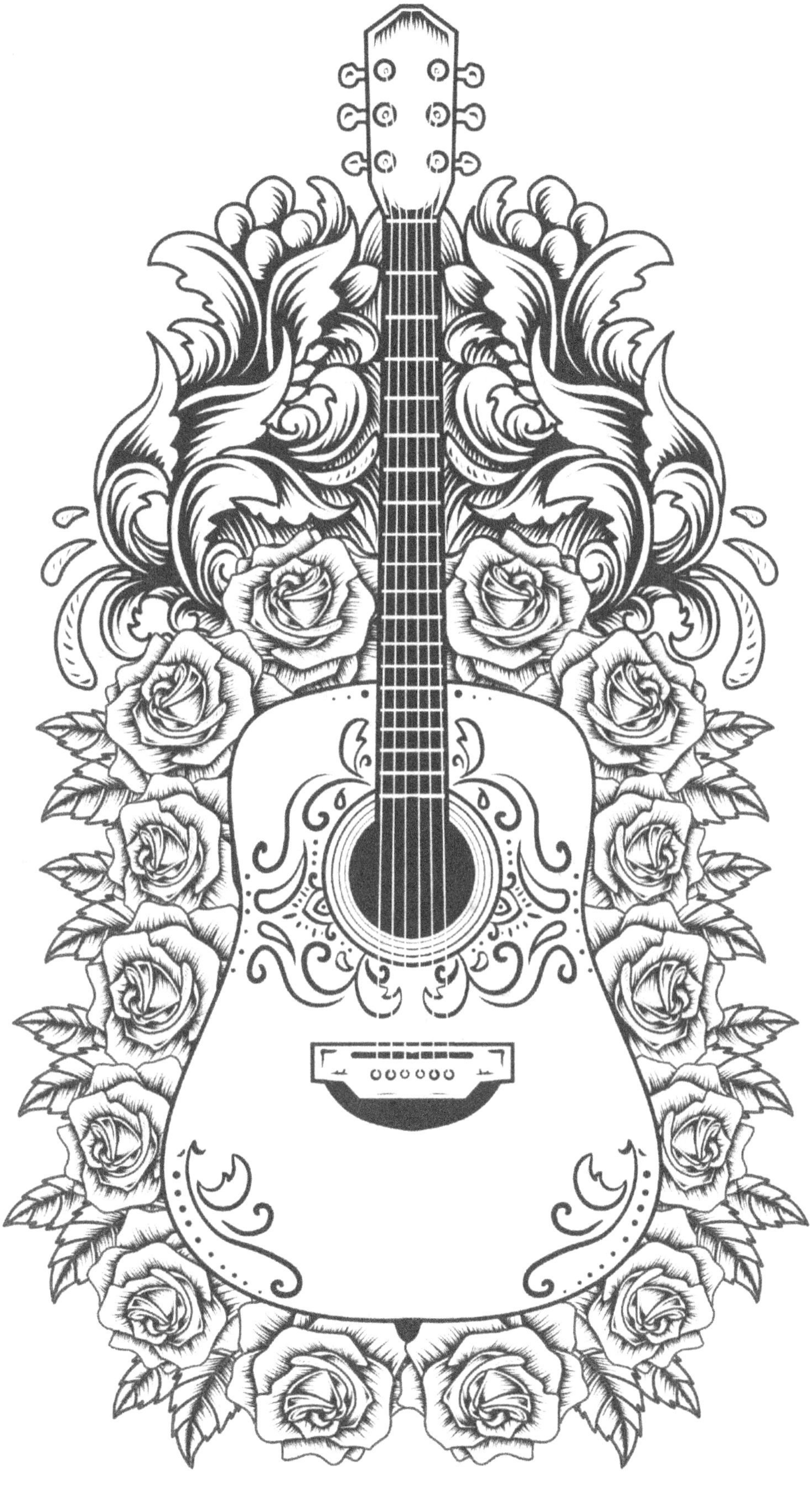

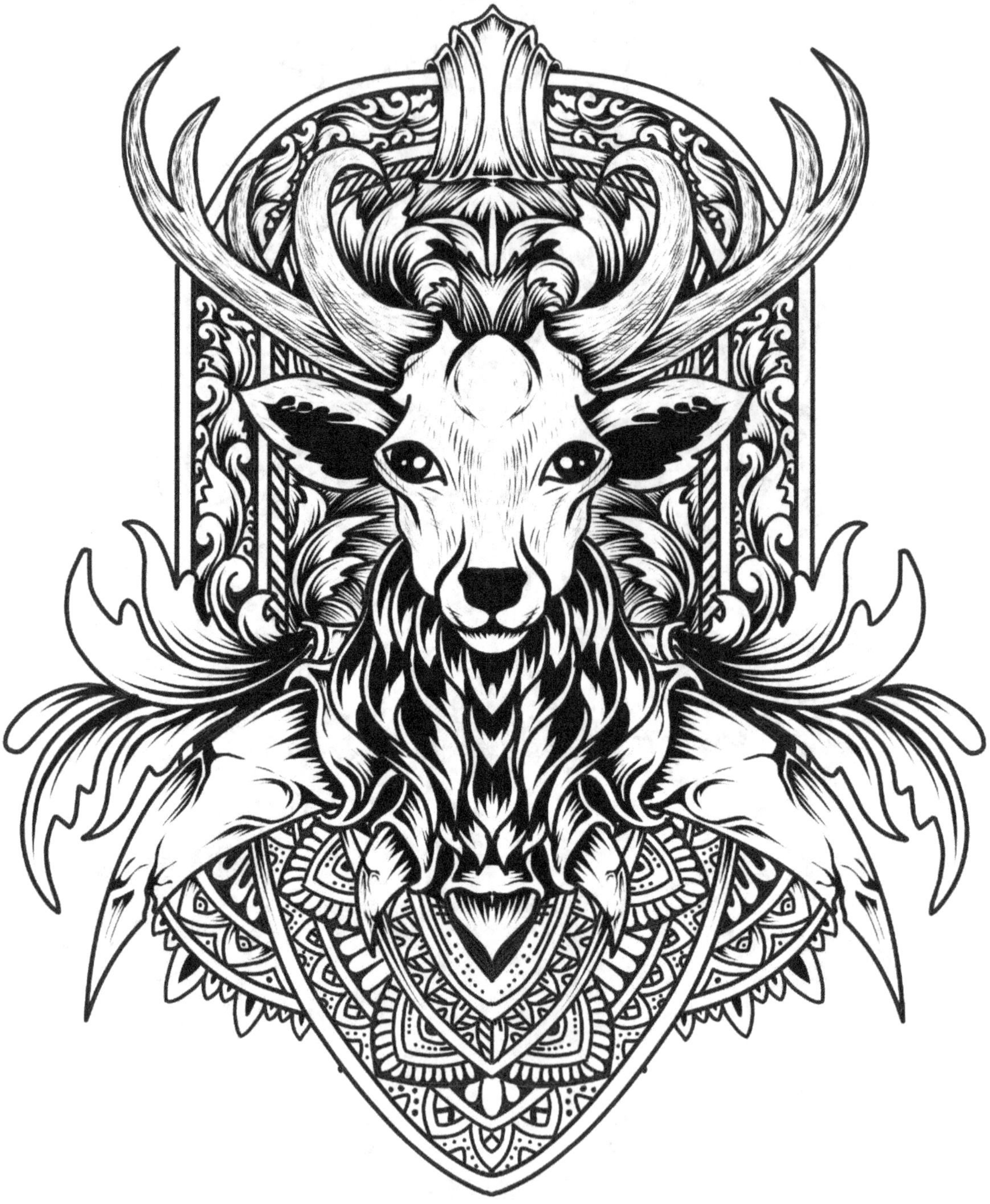

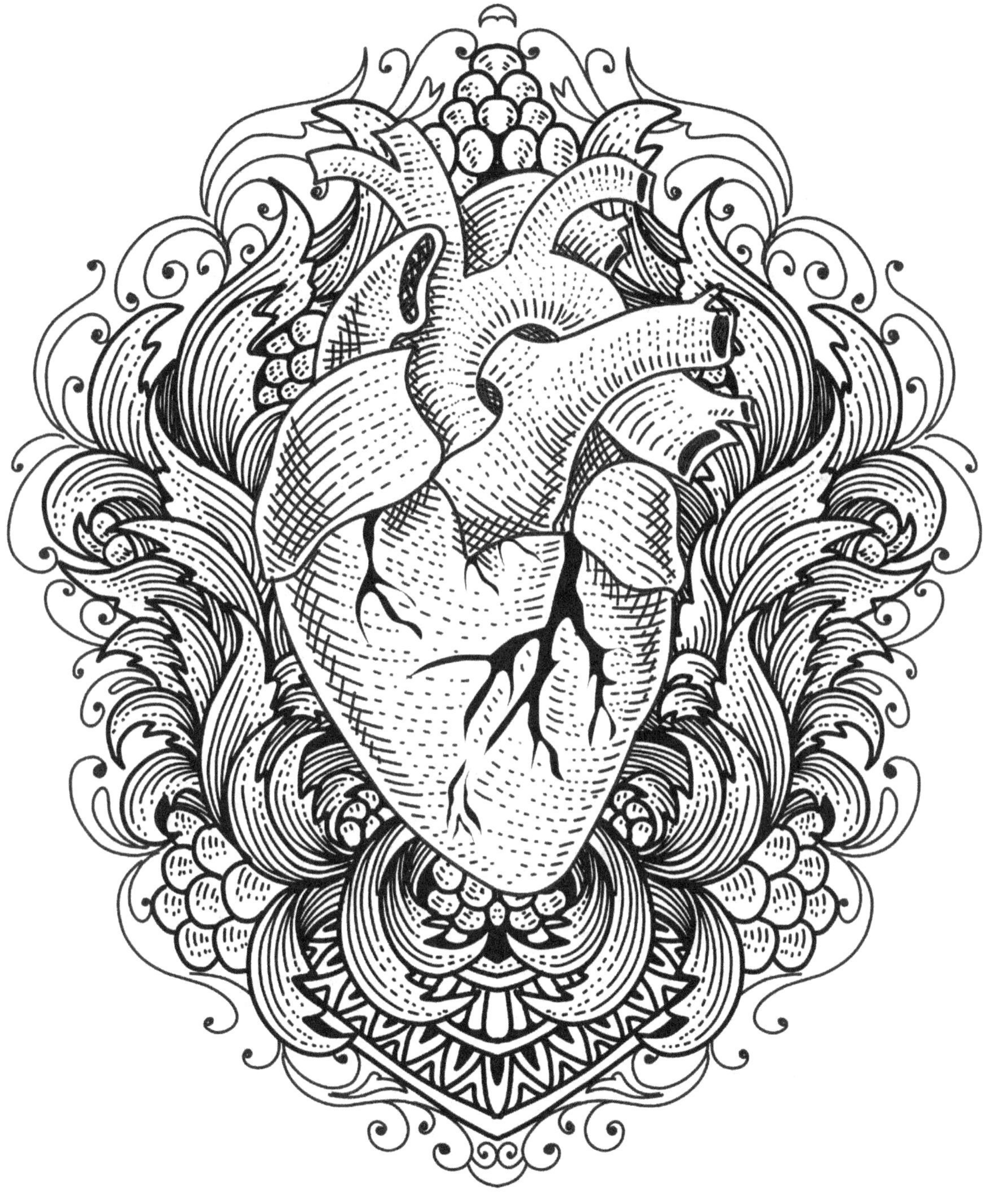

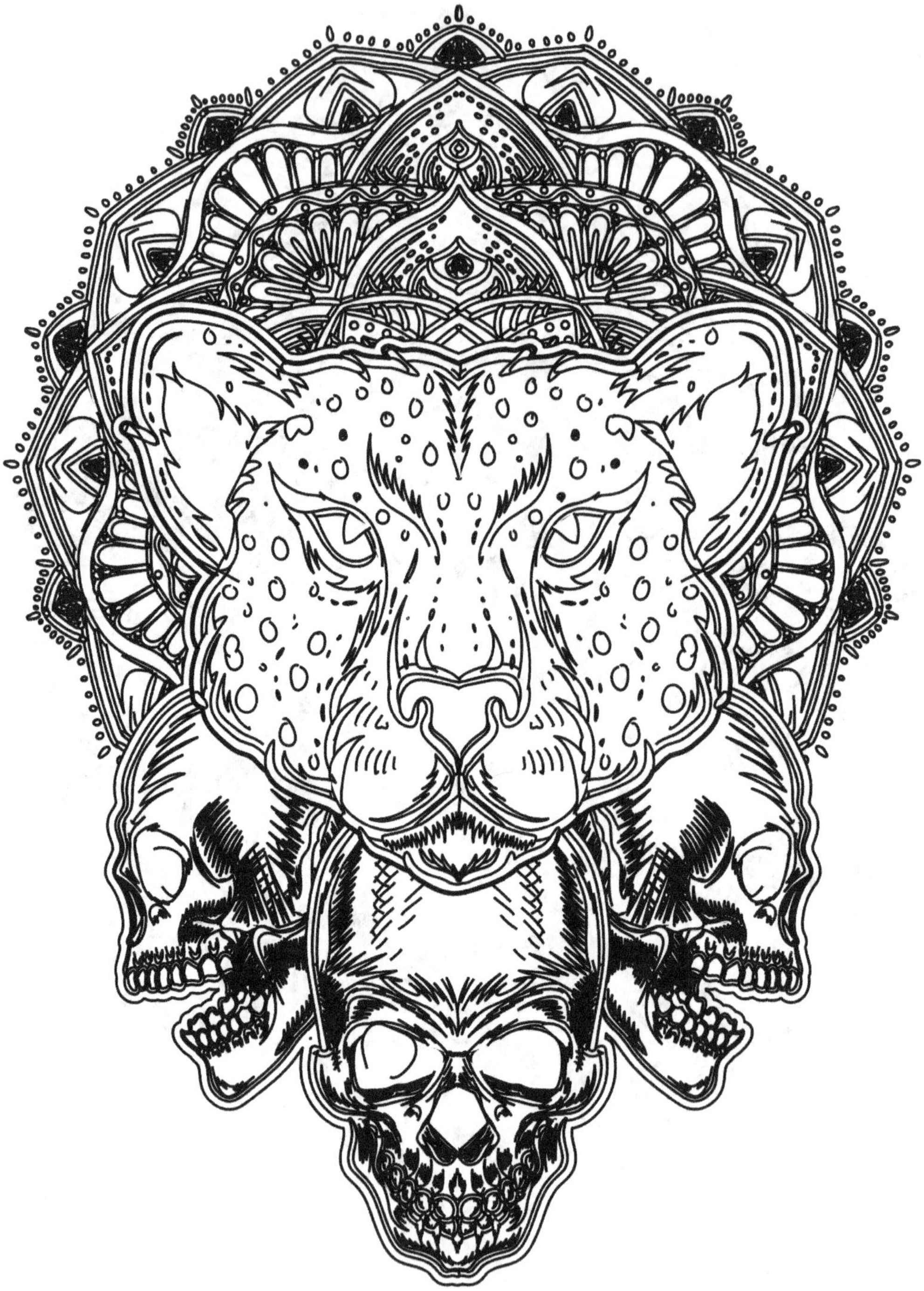

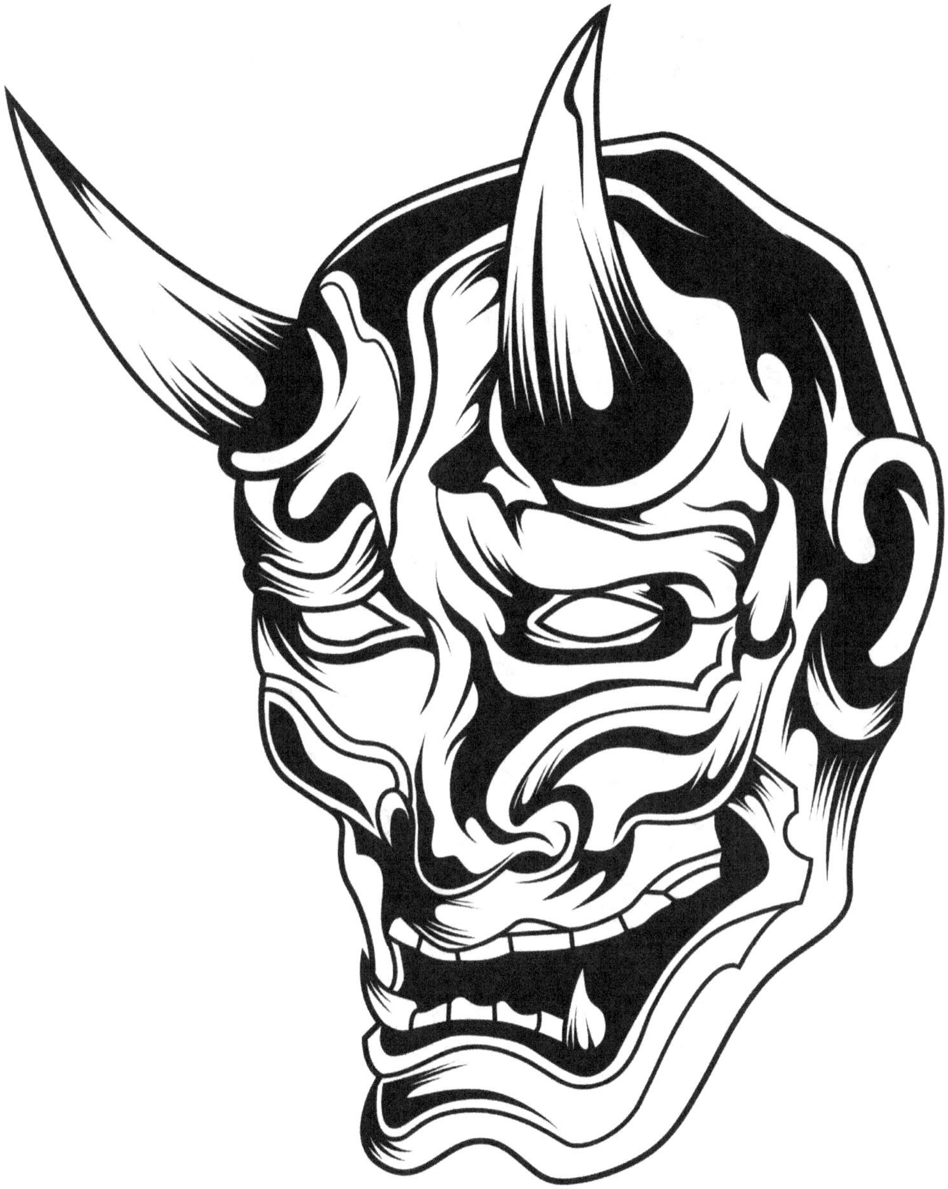

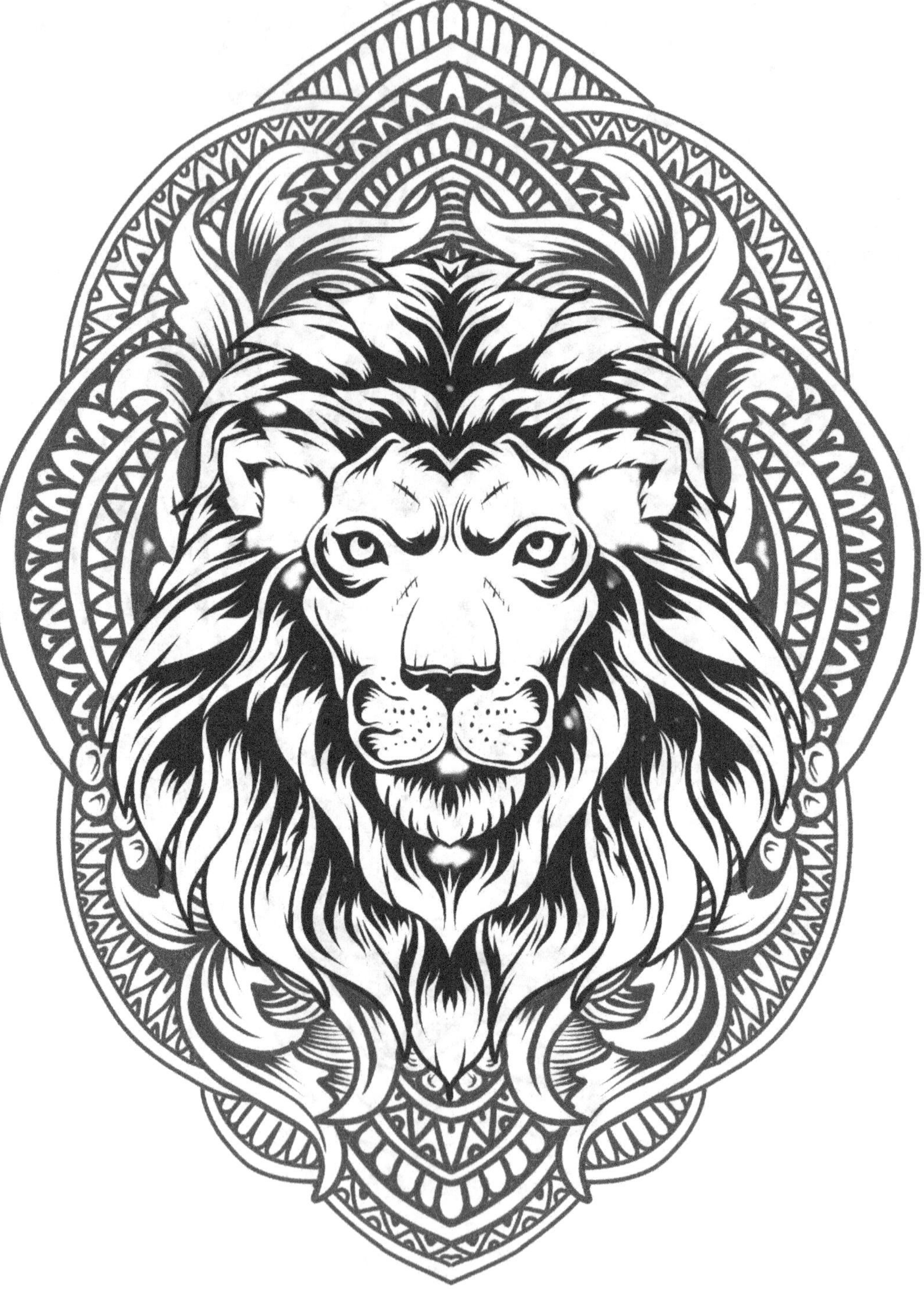

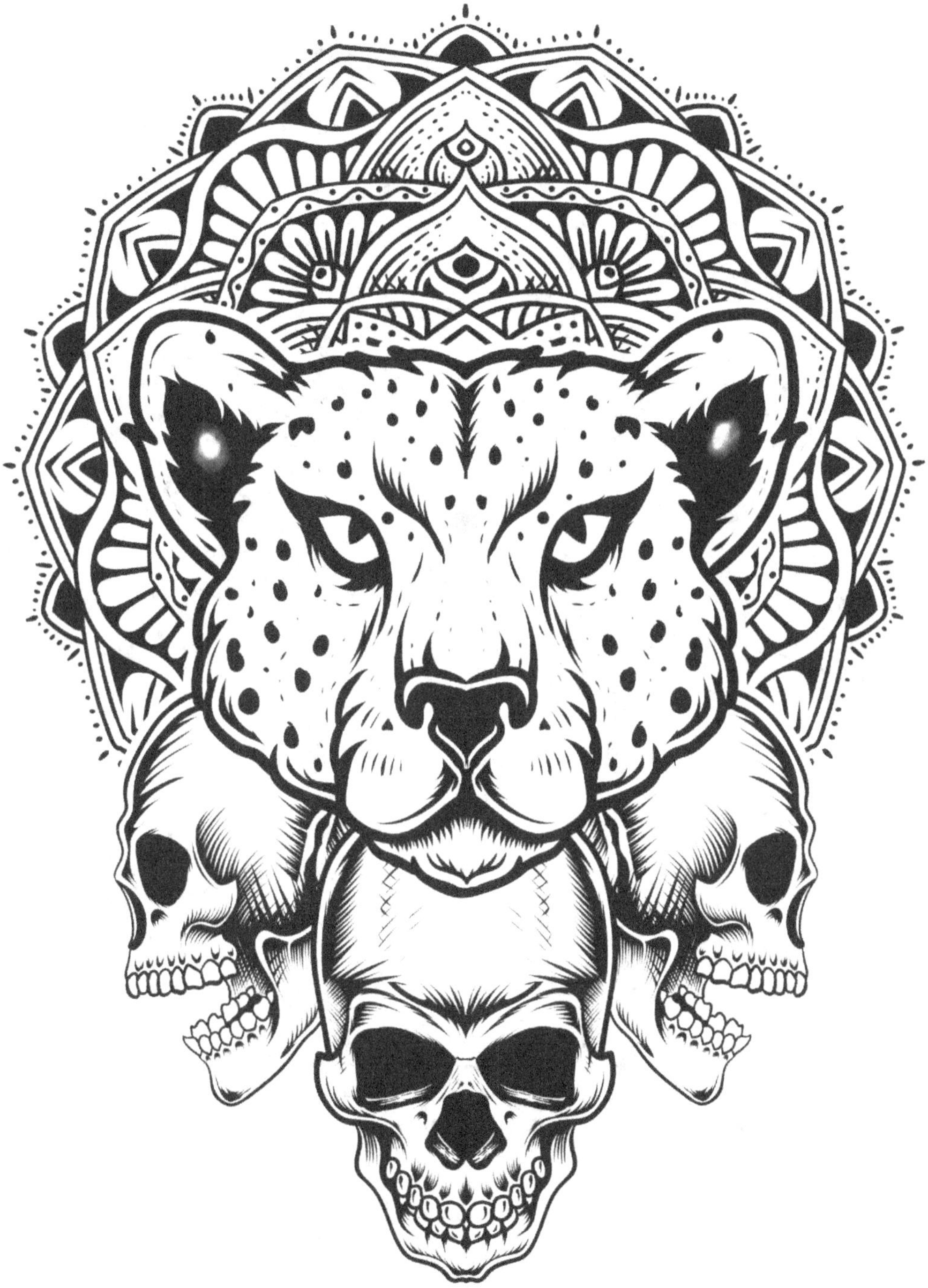

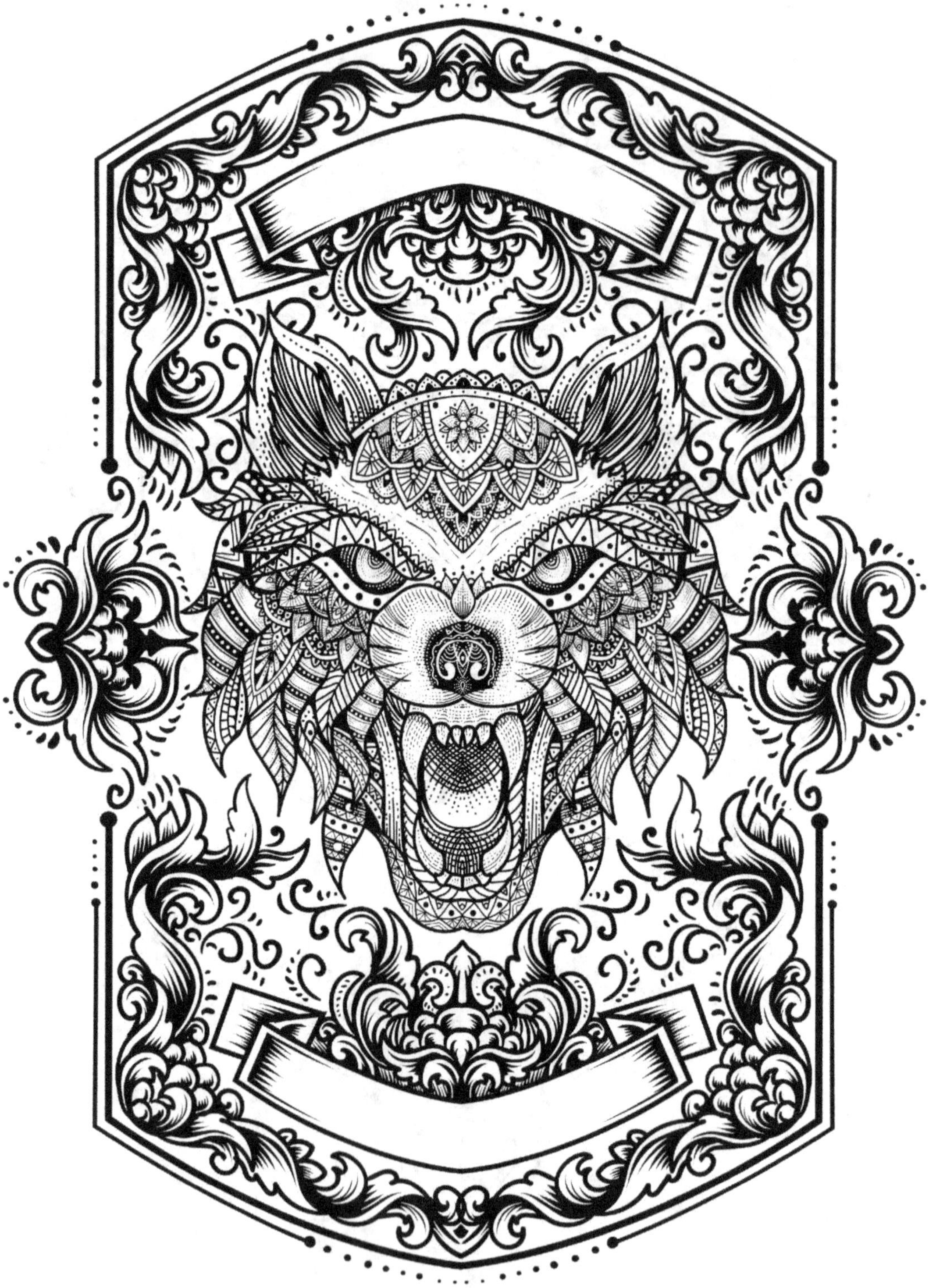

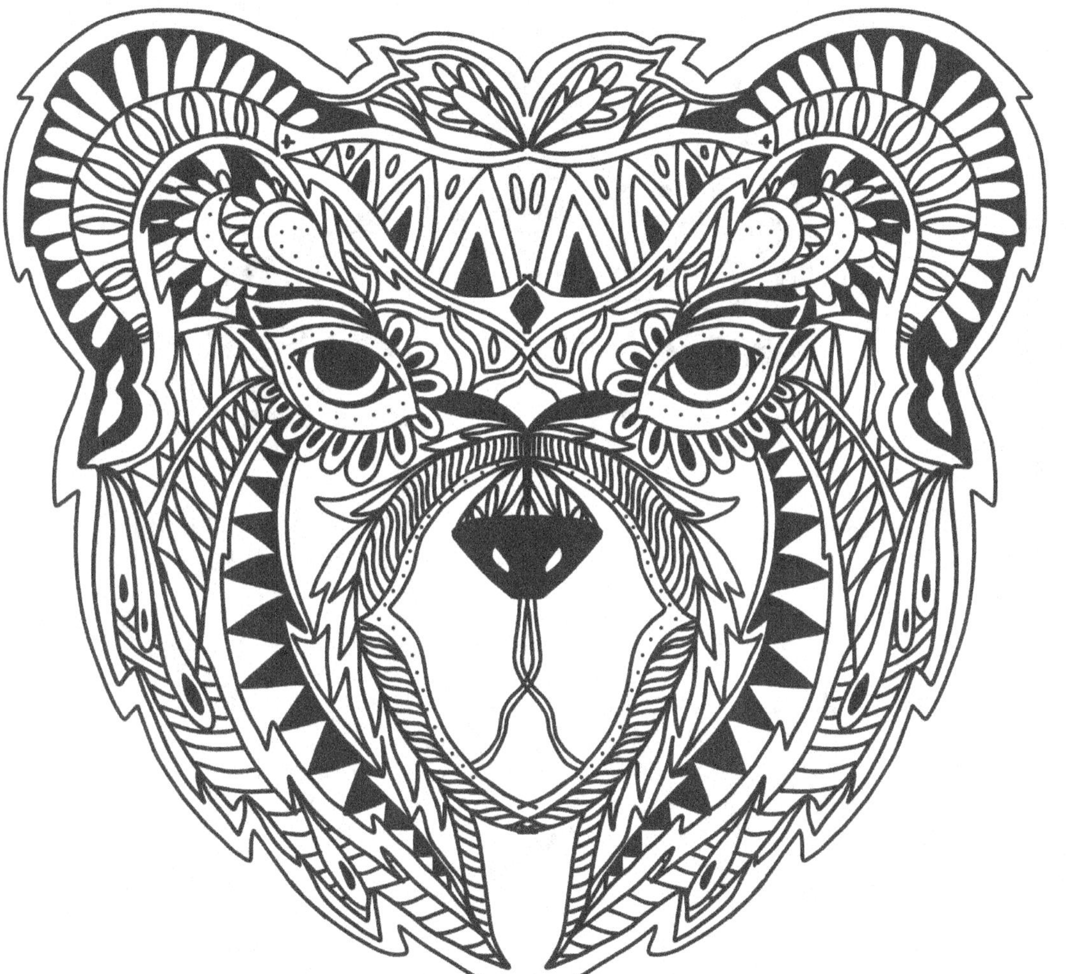

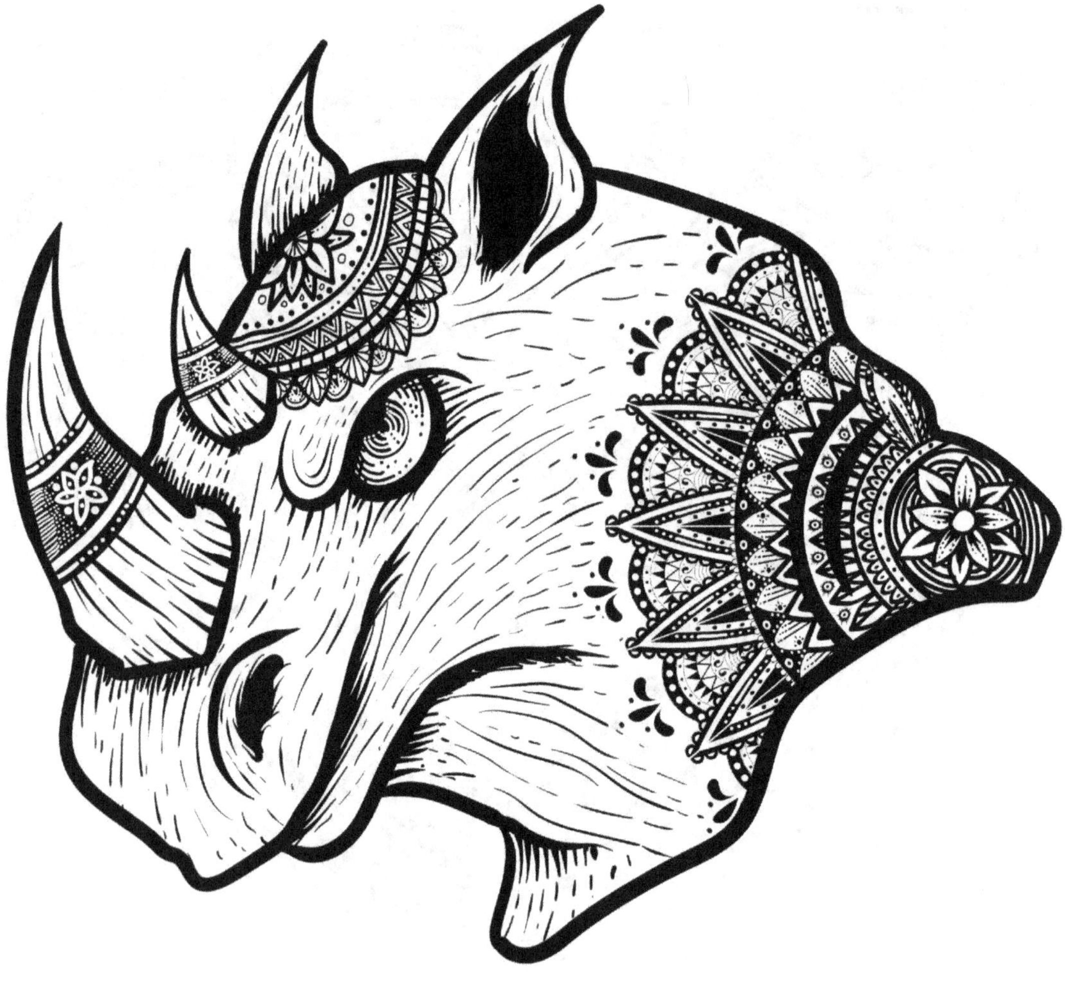

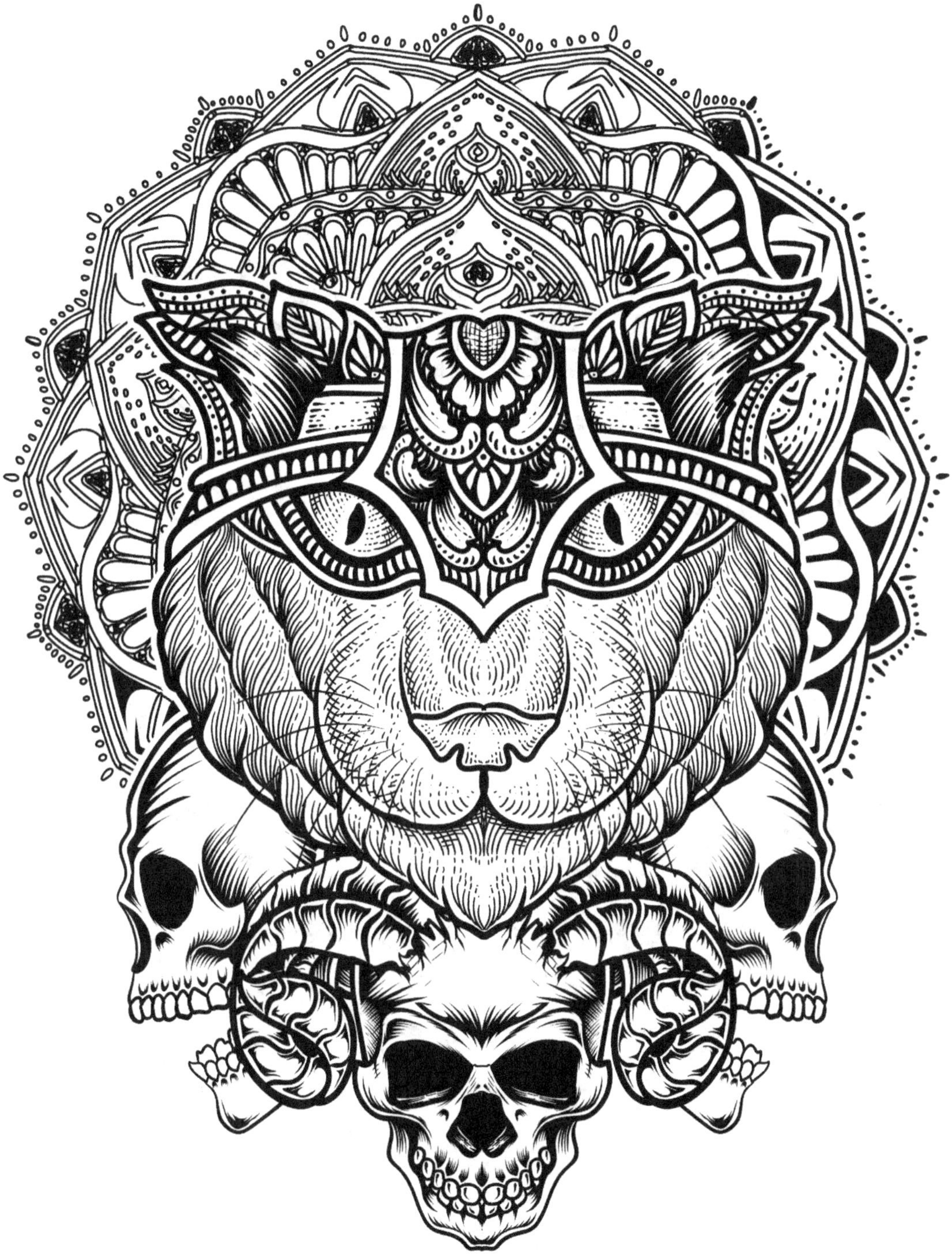

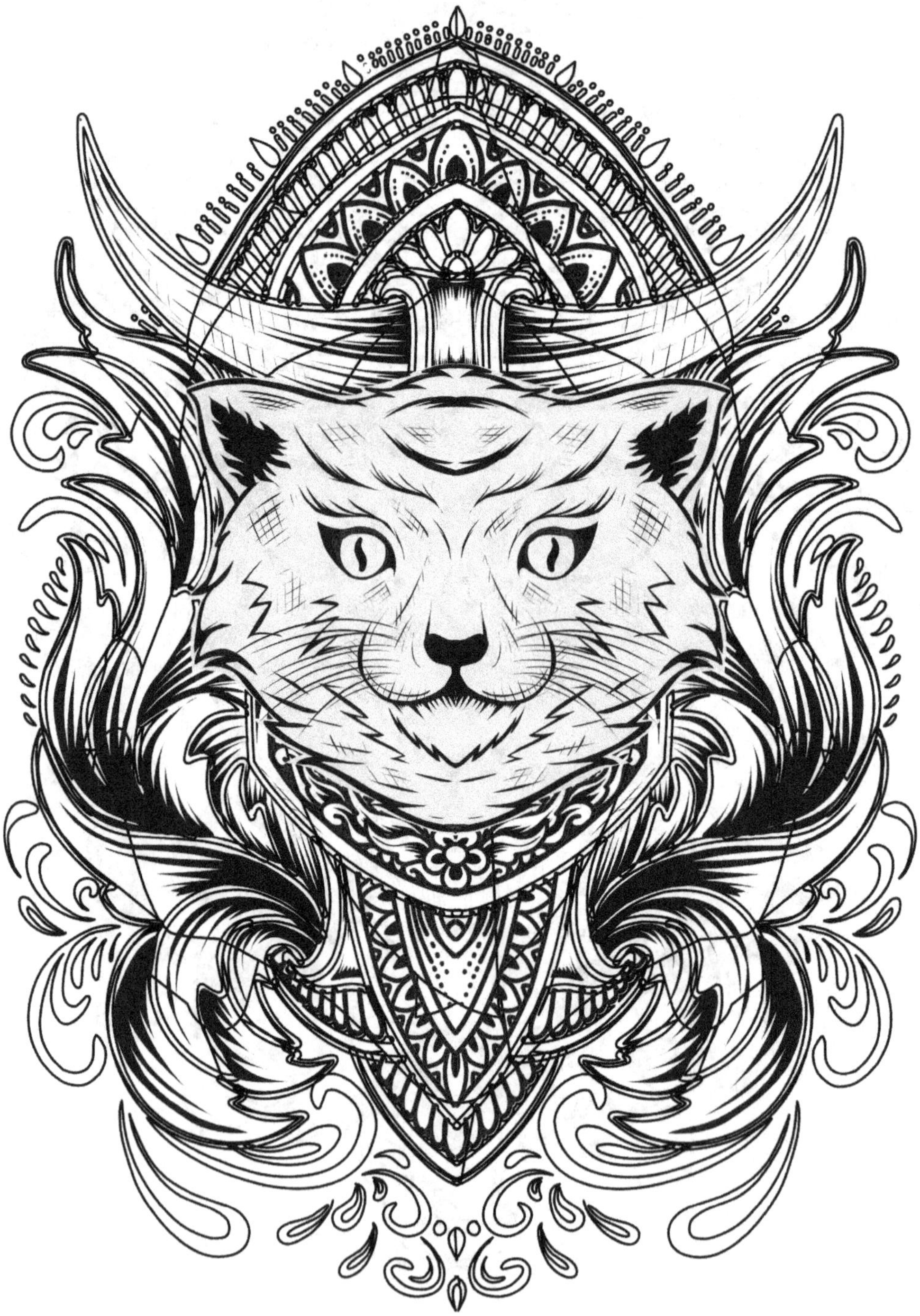

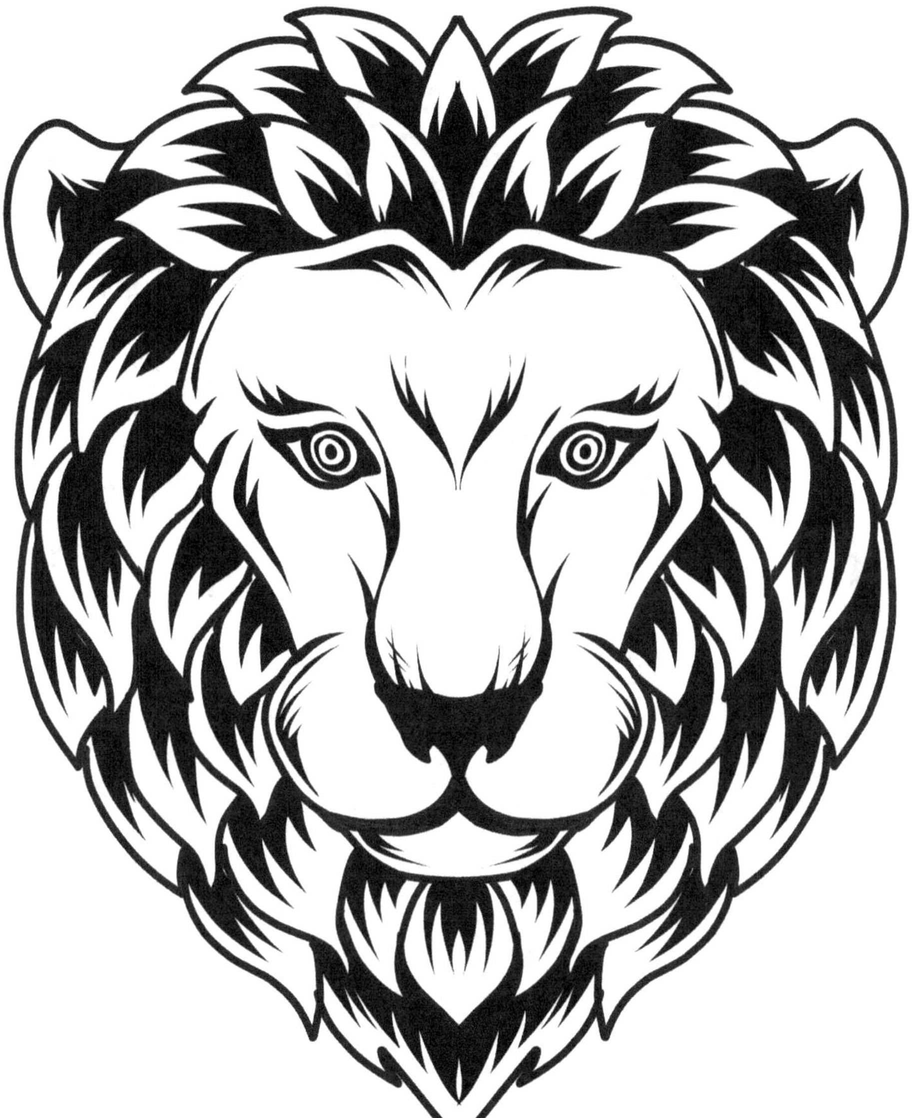

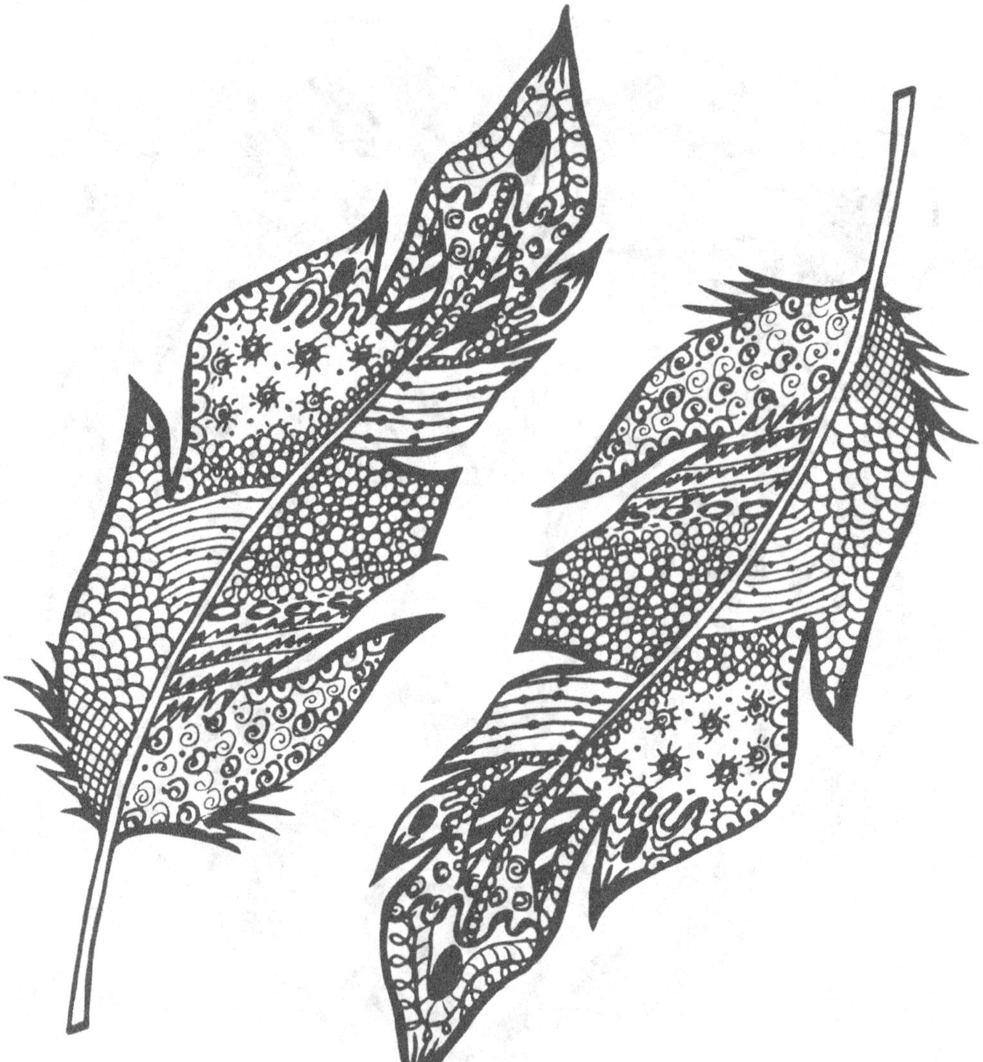

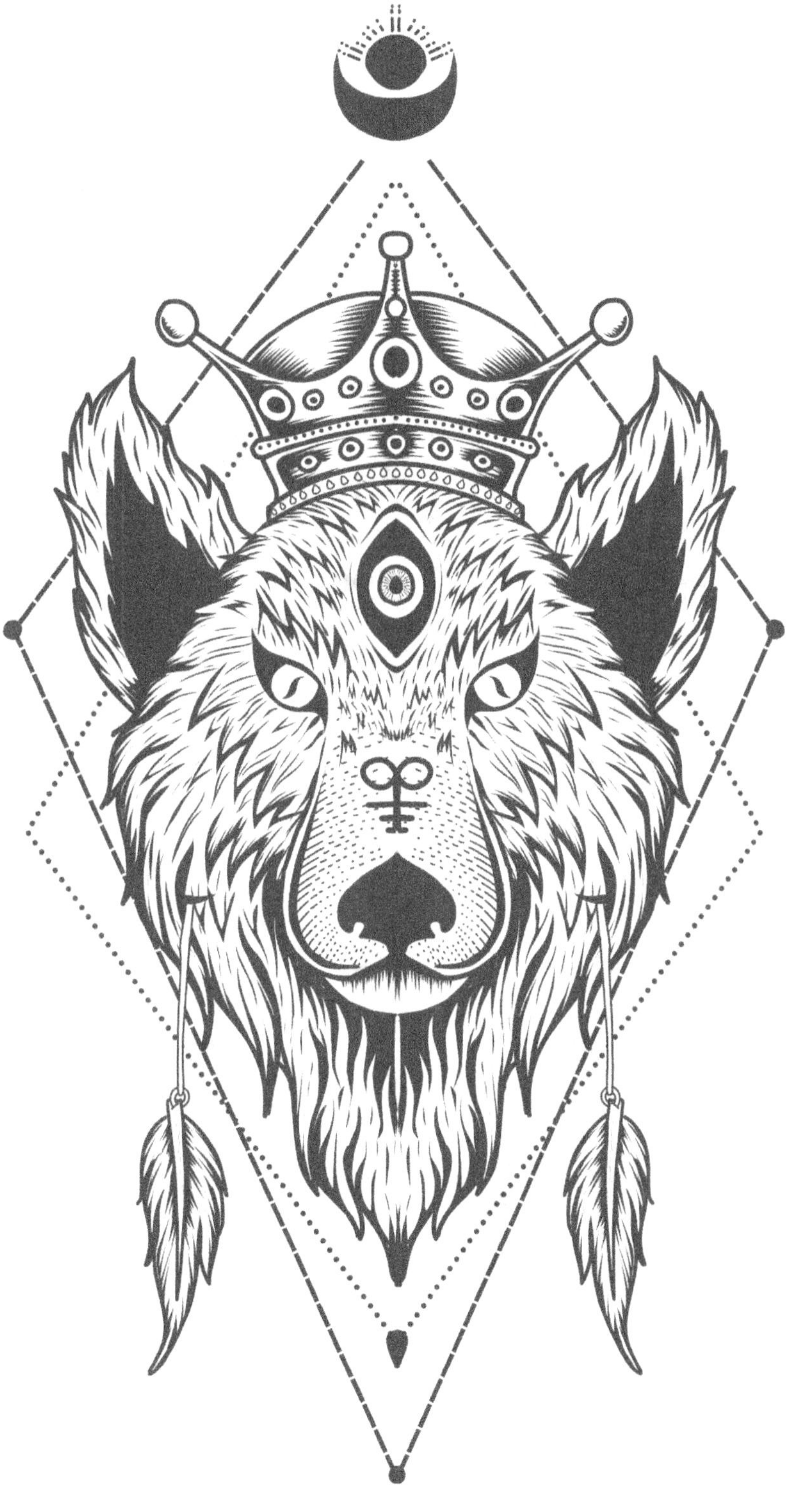

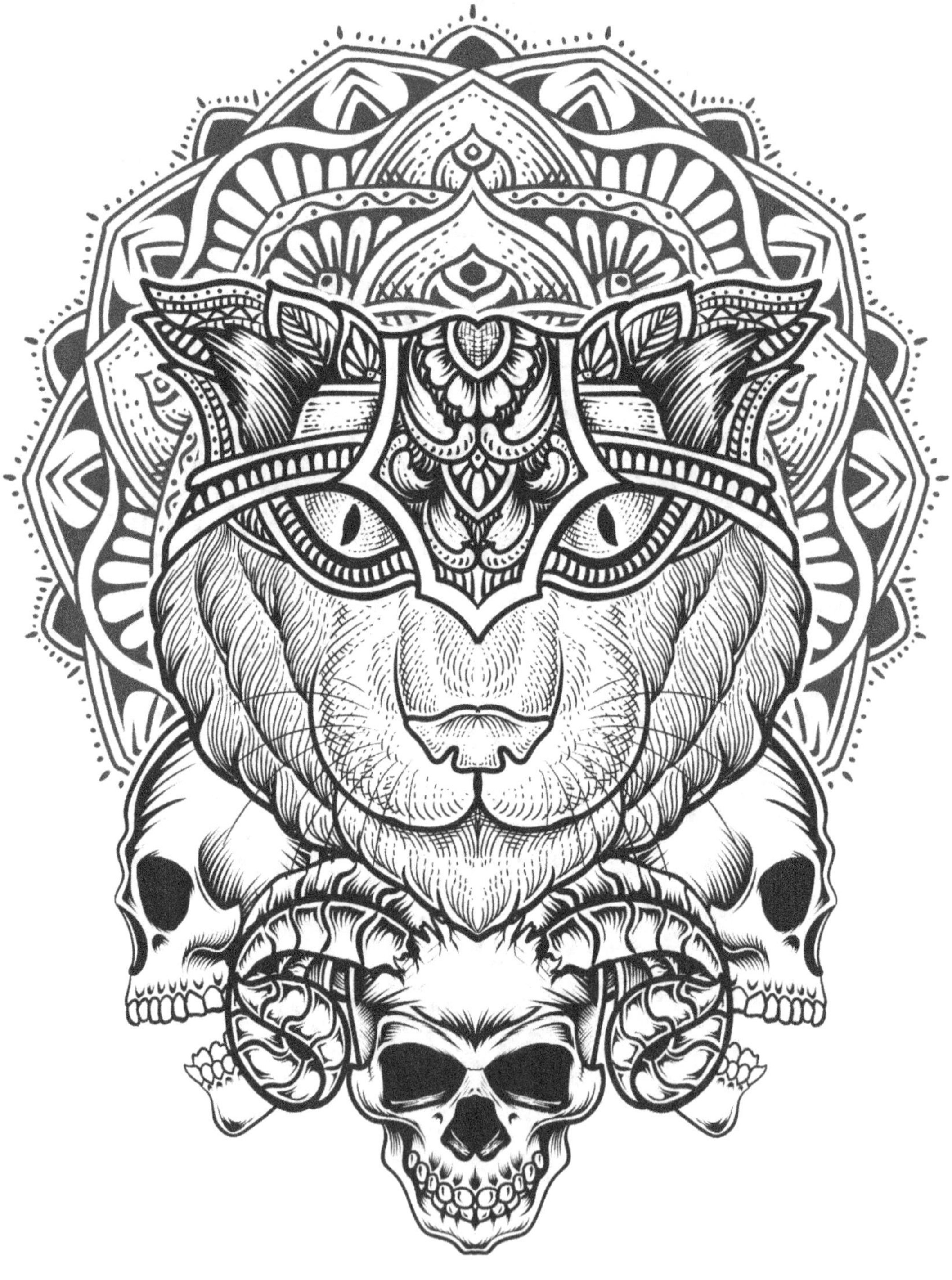

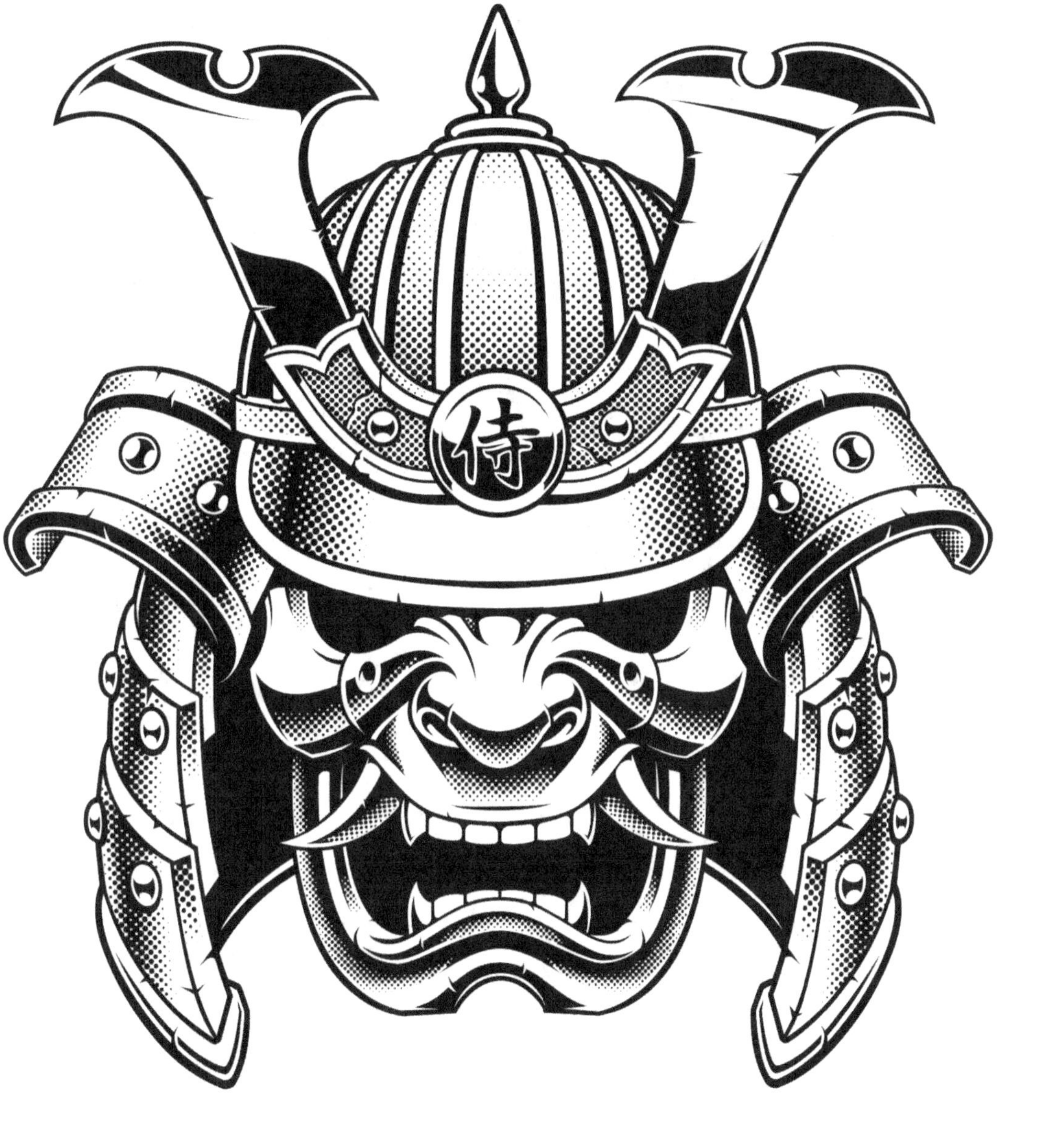
侍

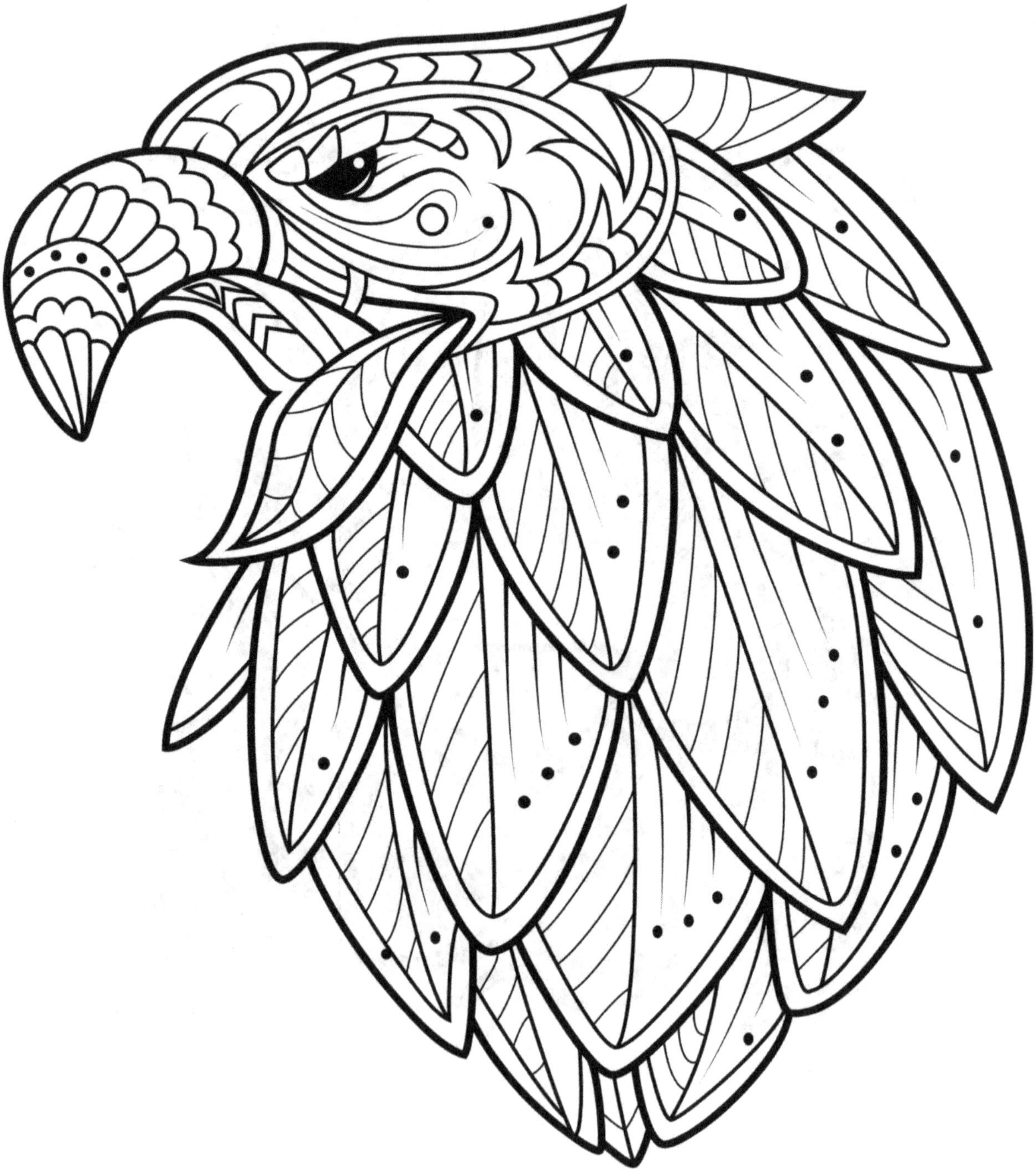

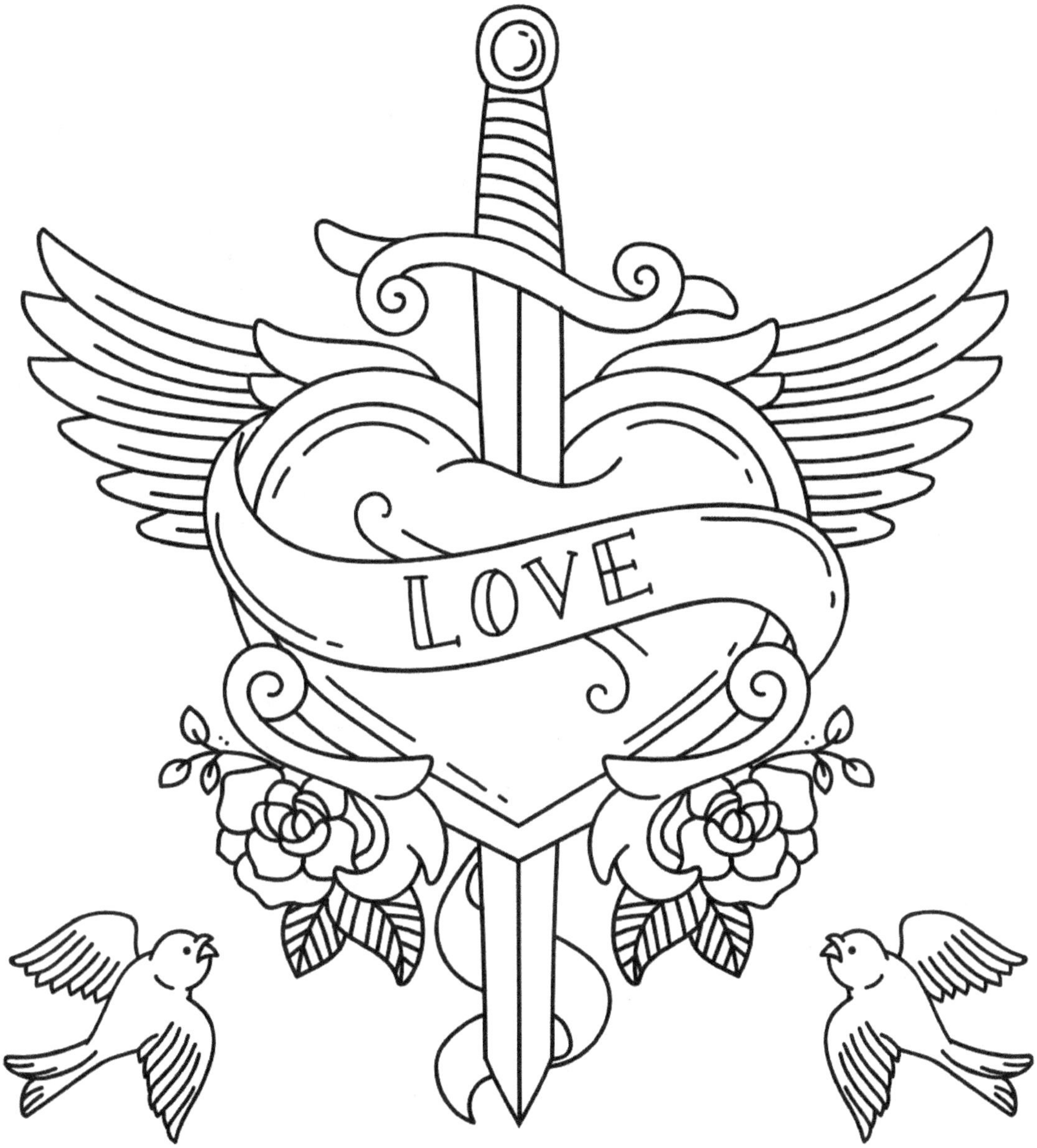
LOVE

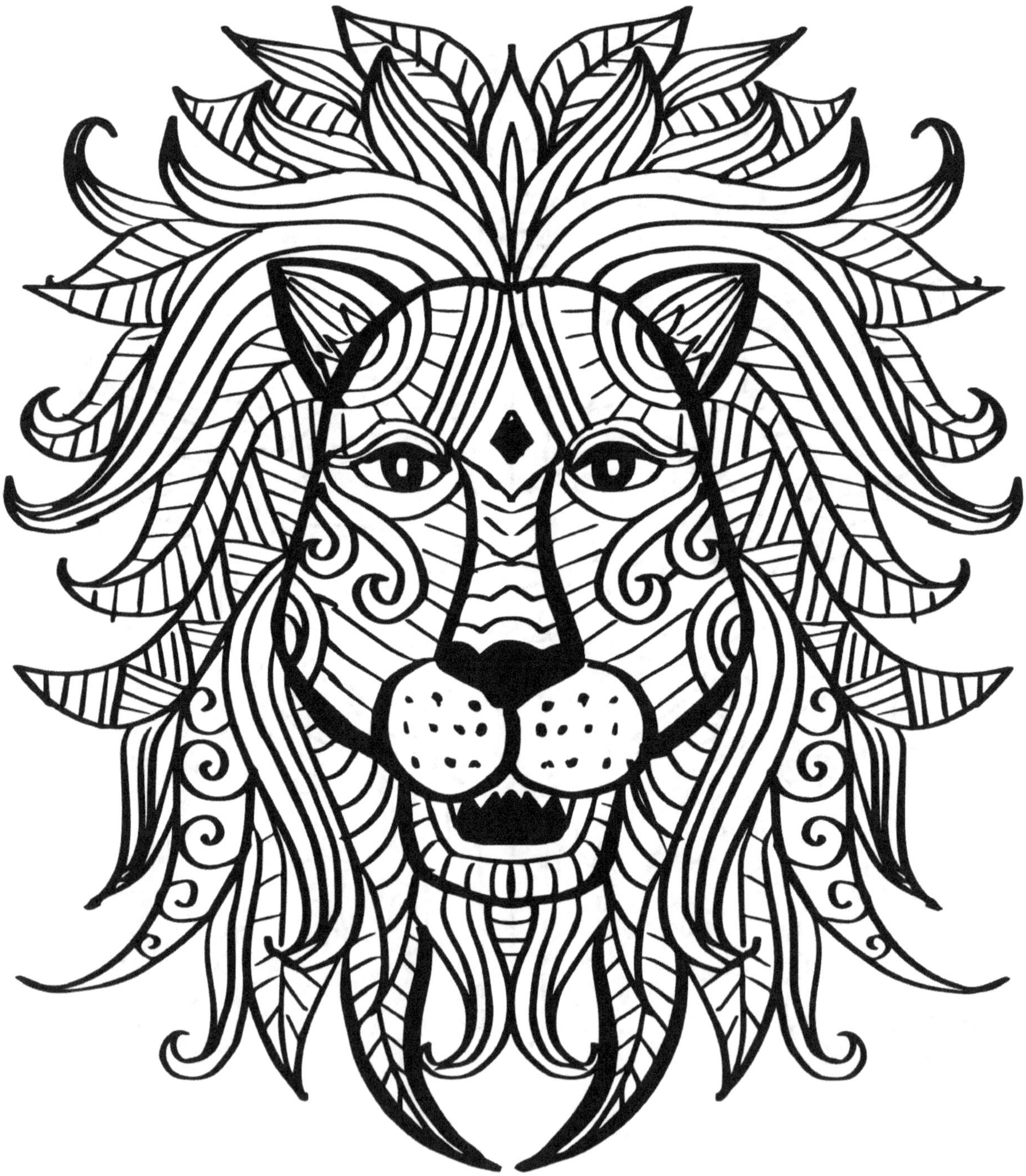

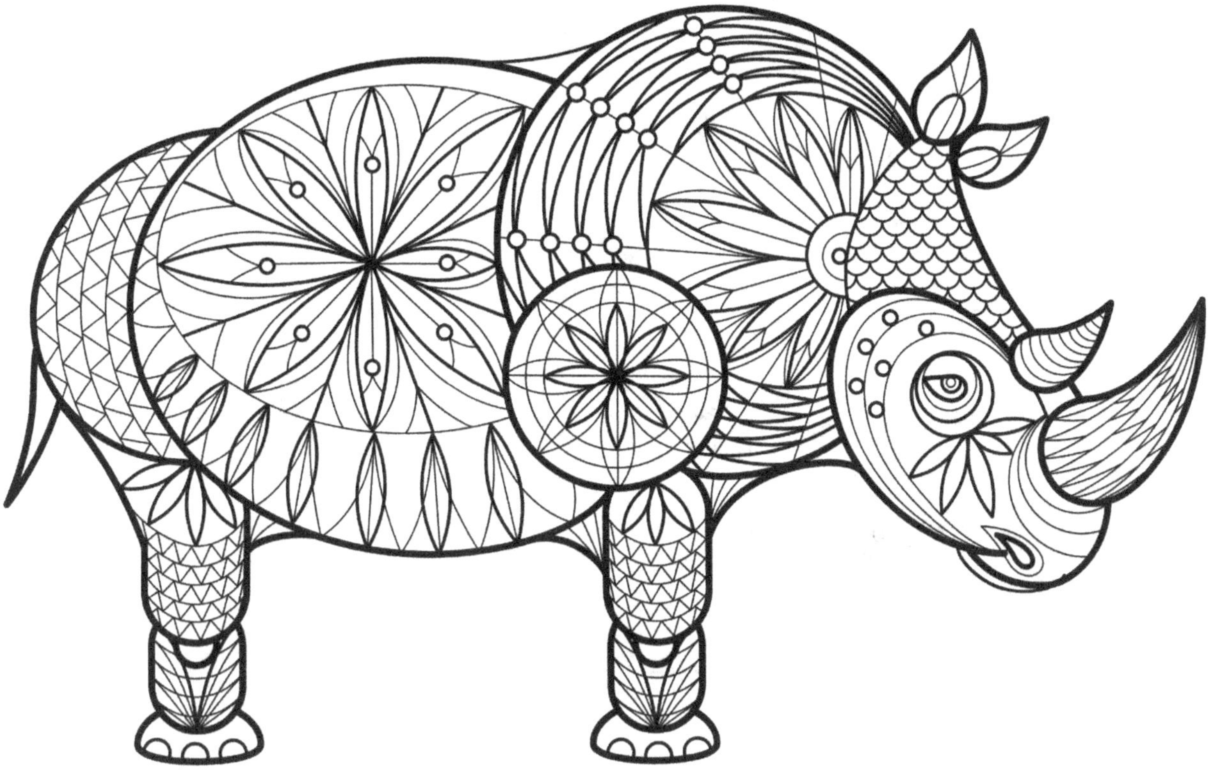

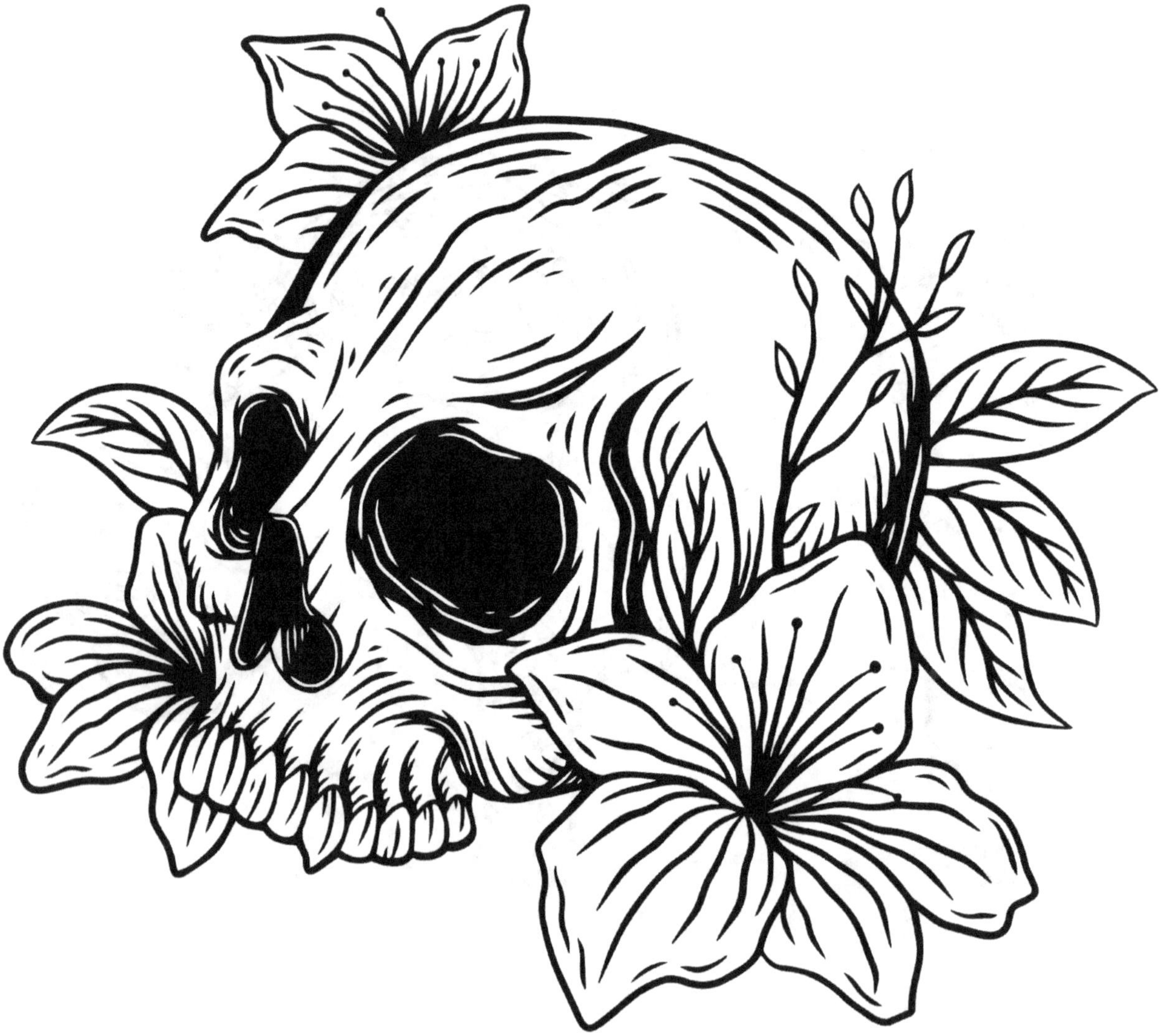

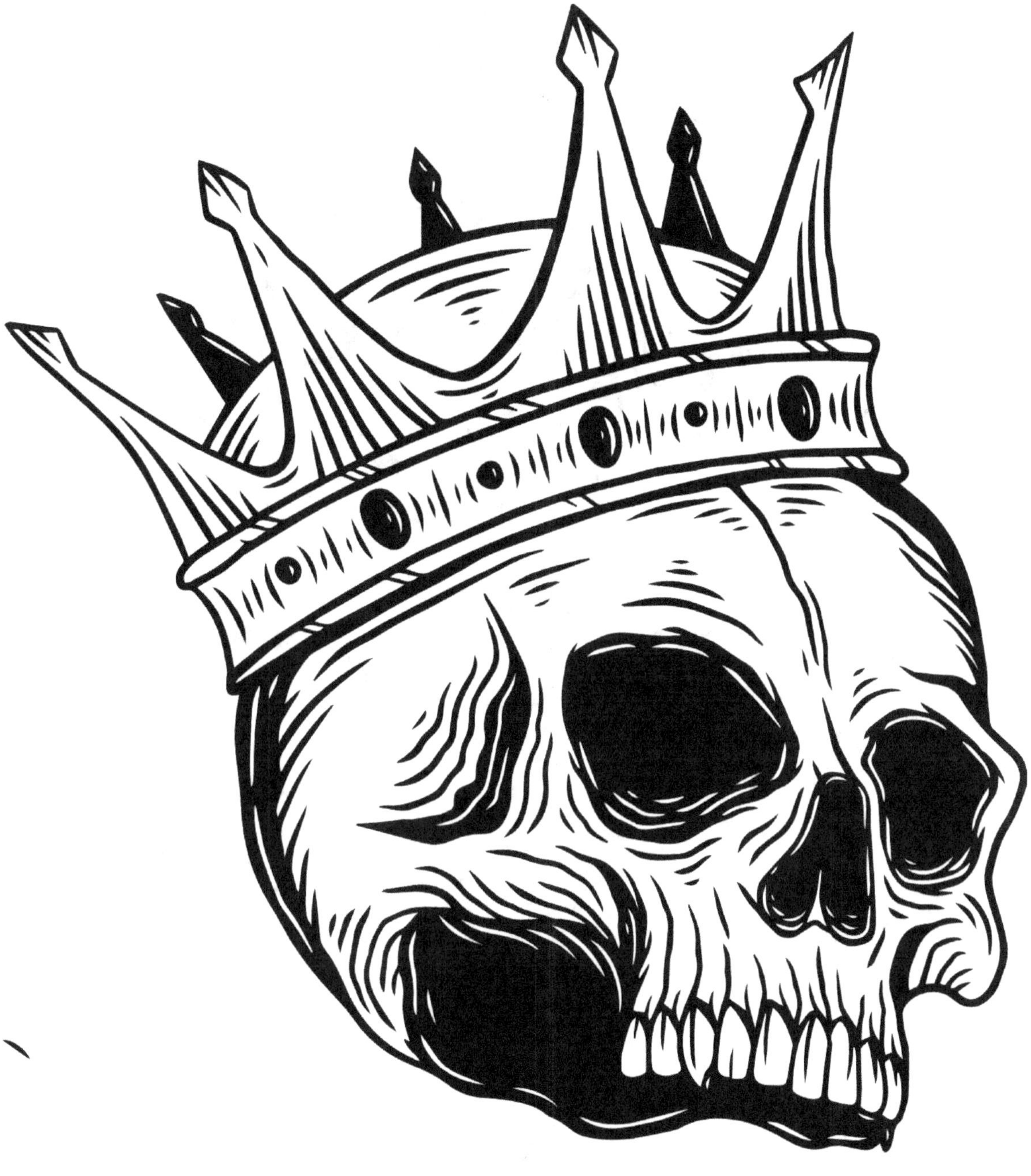

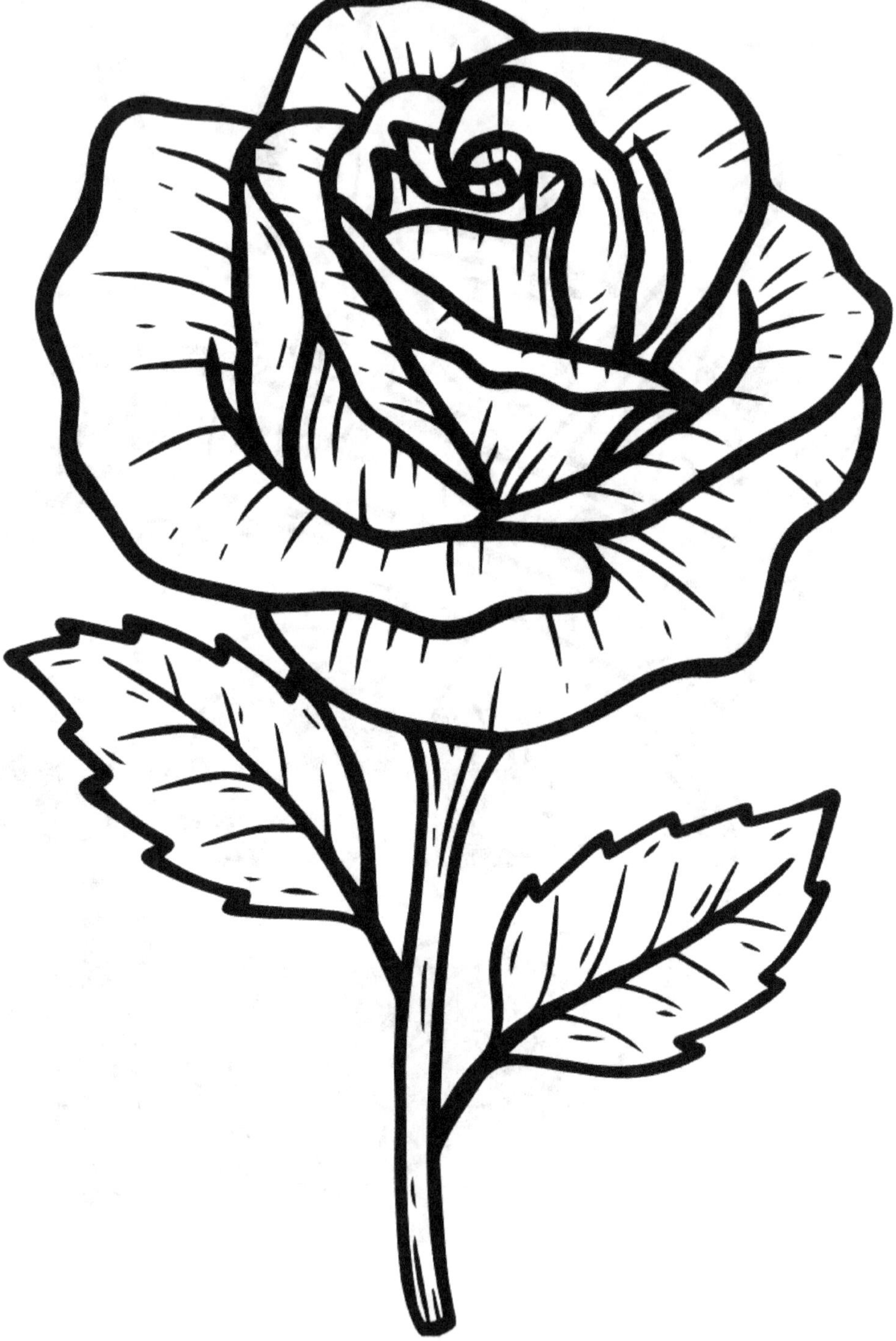

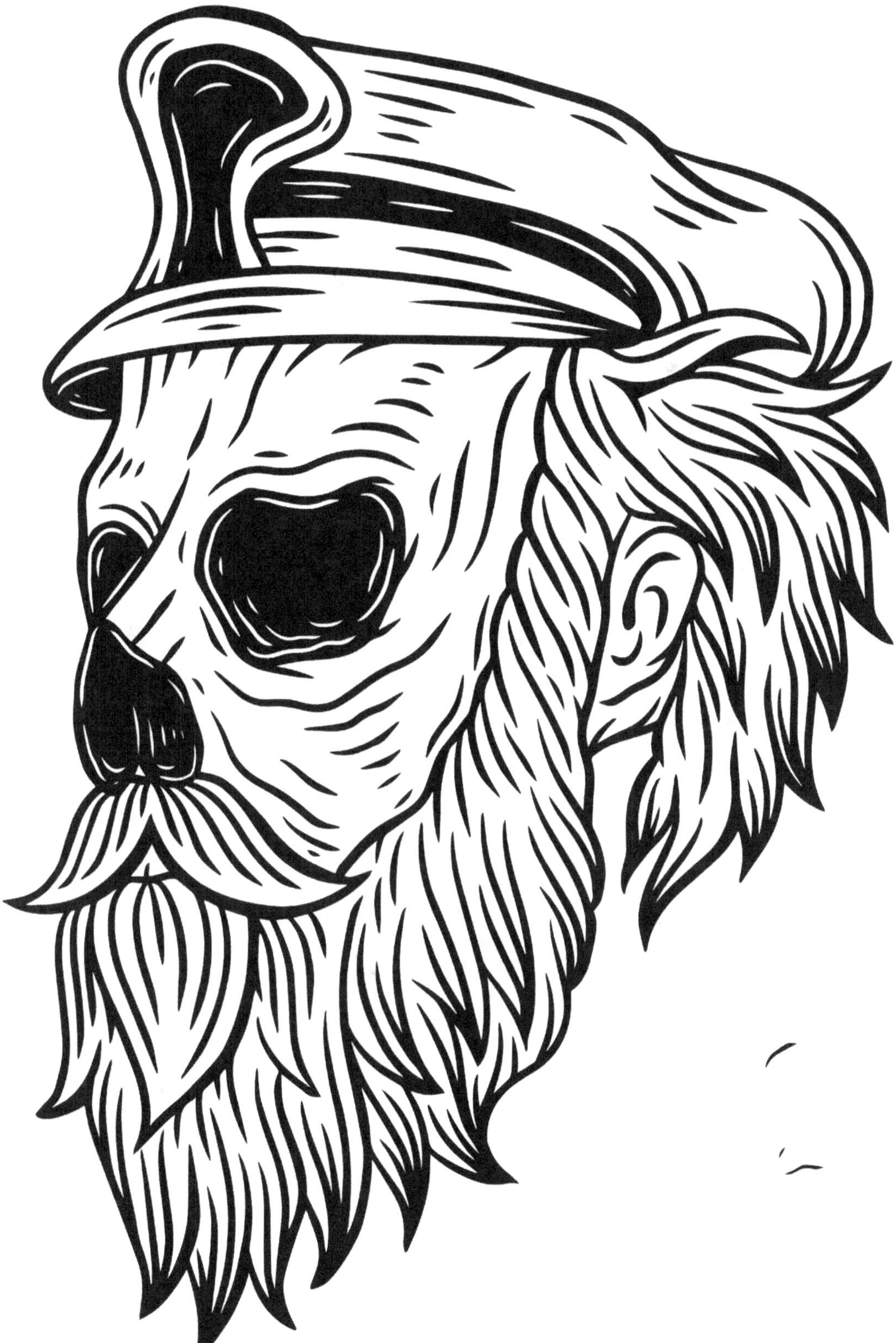

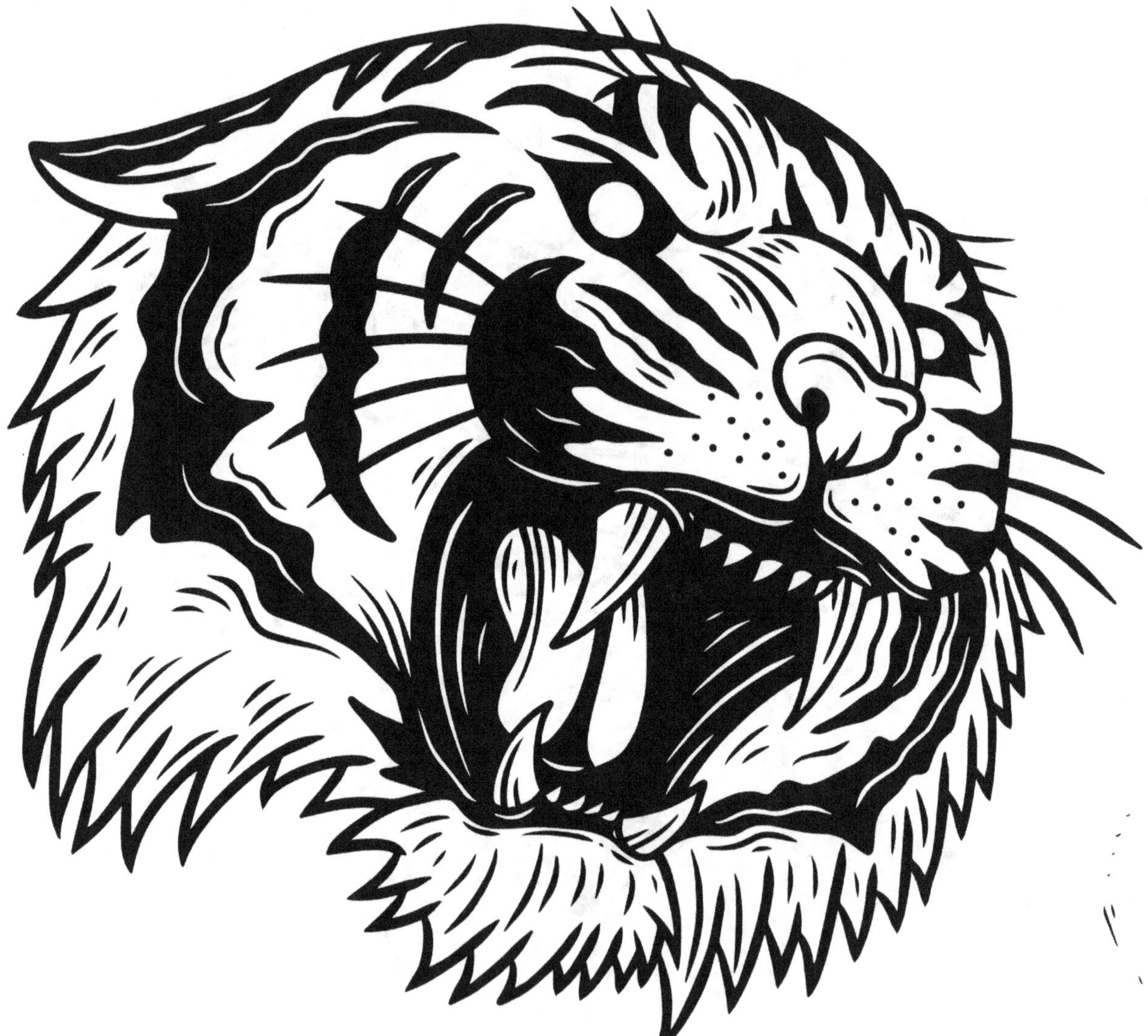

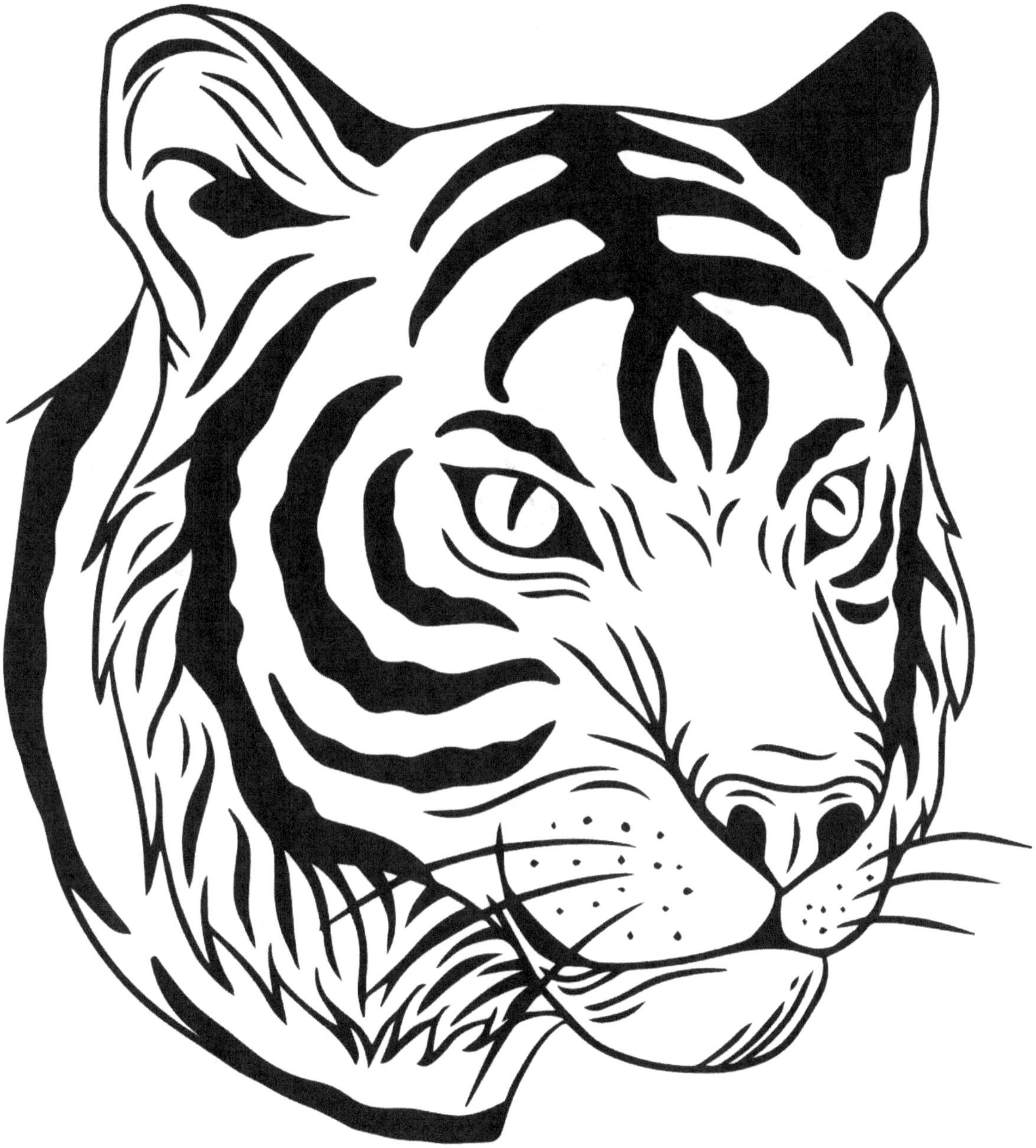

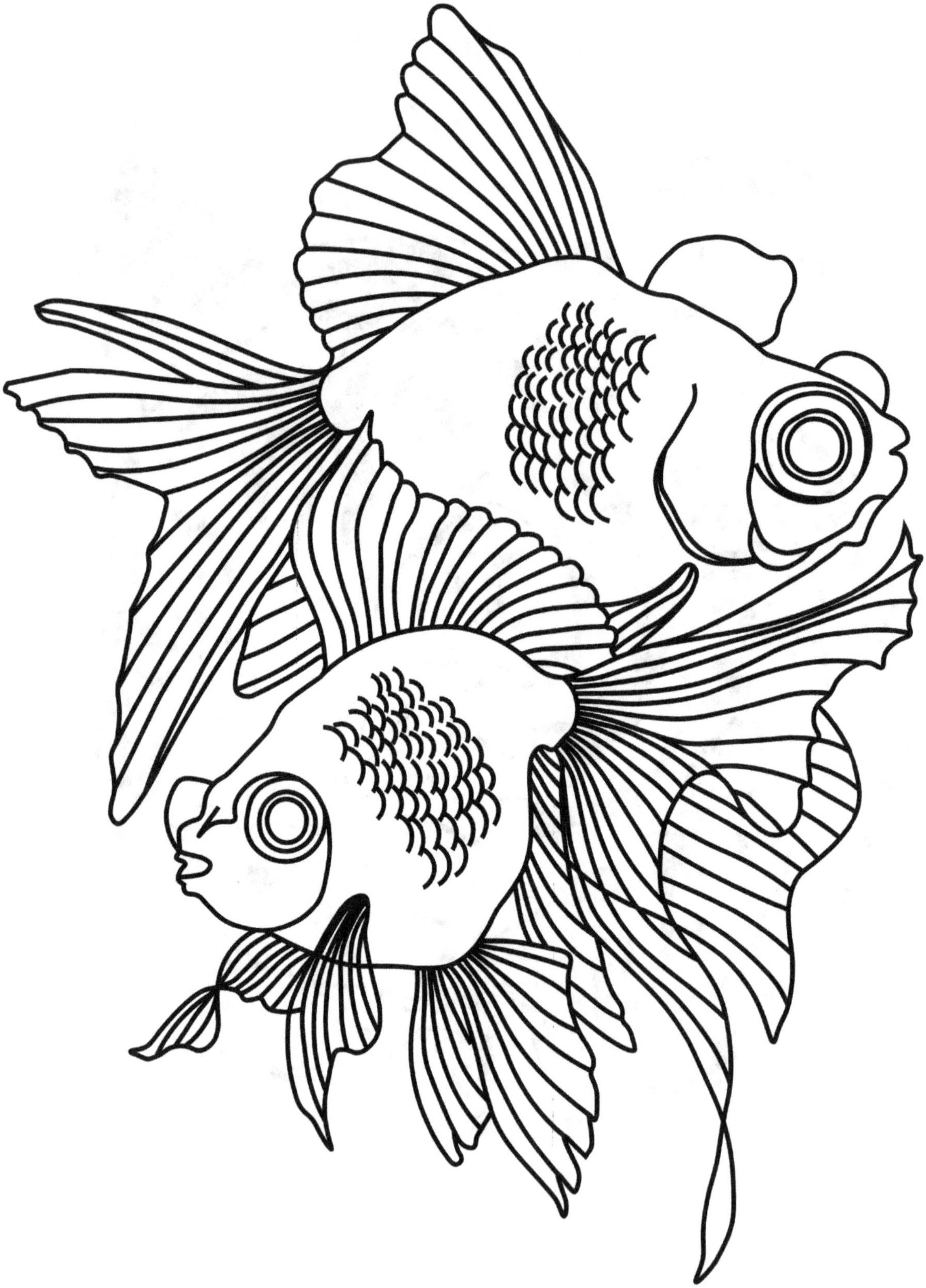

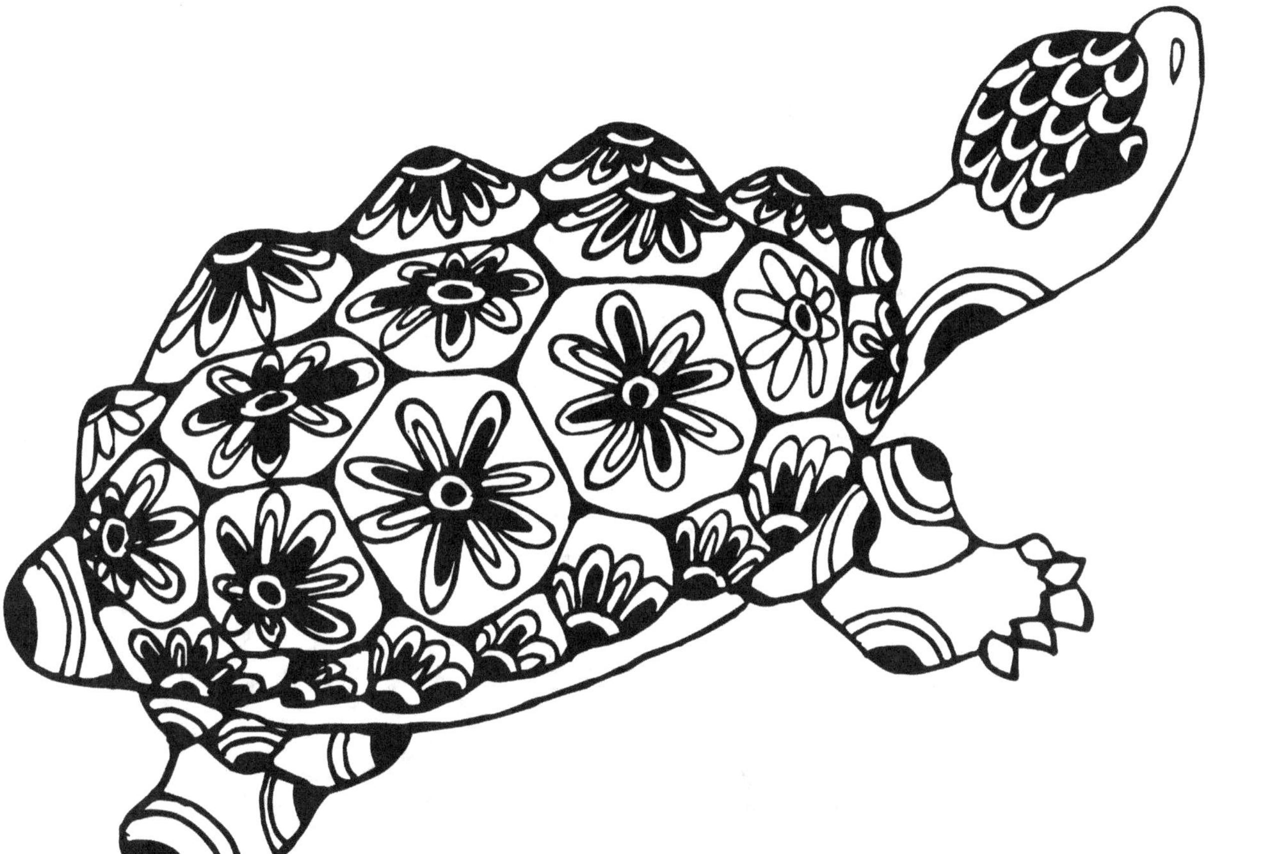

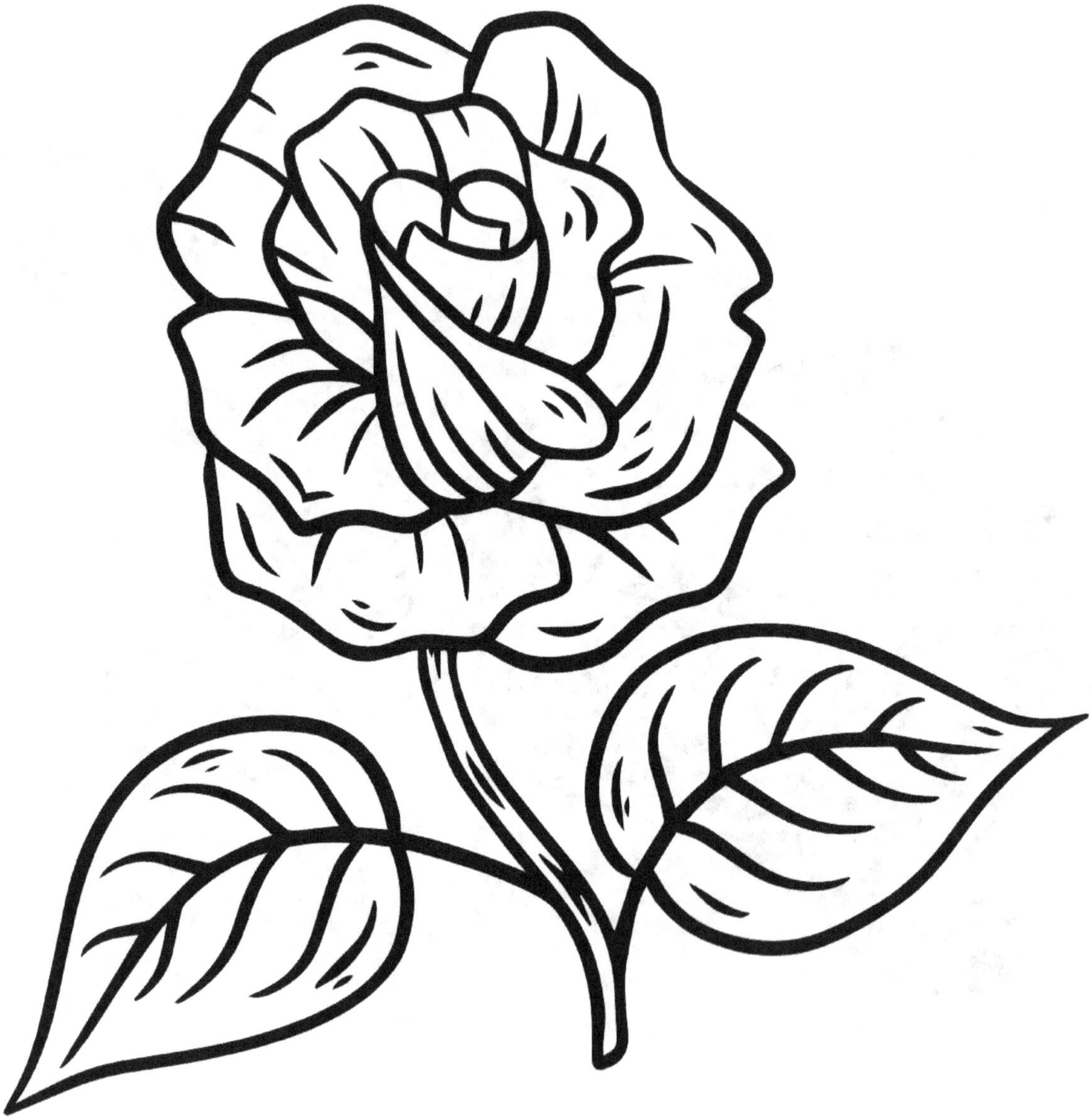

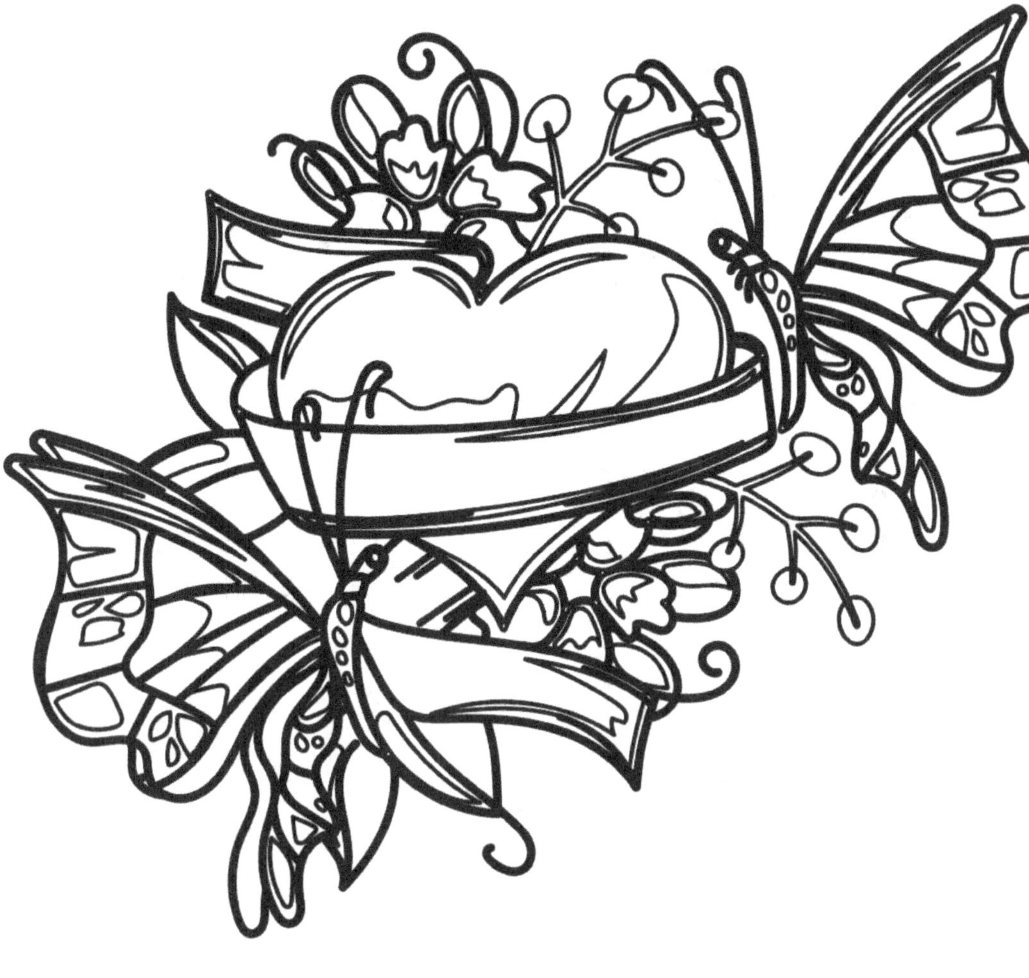

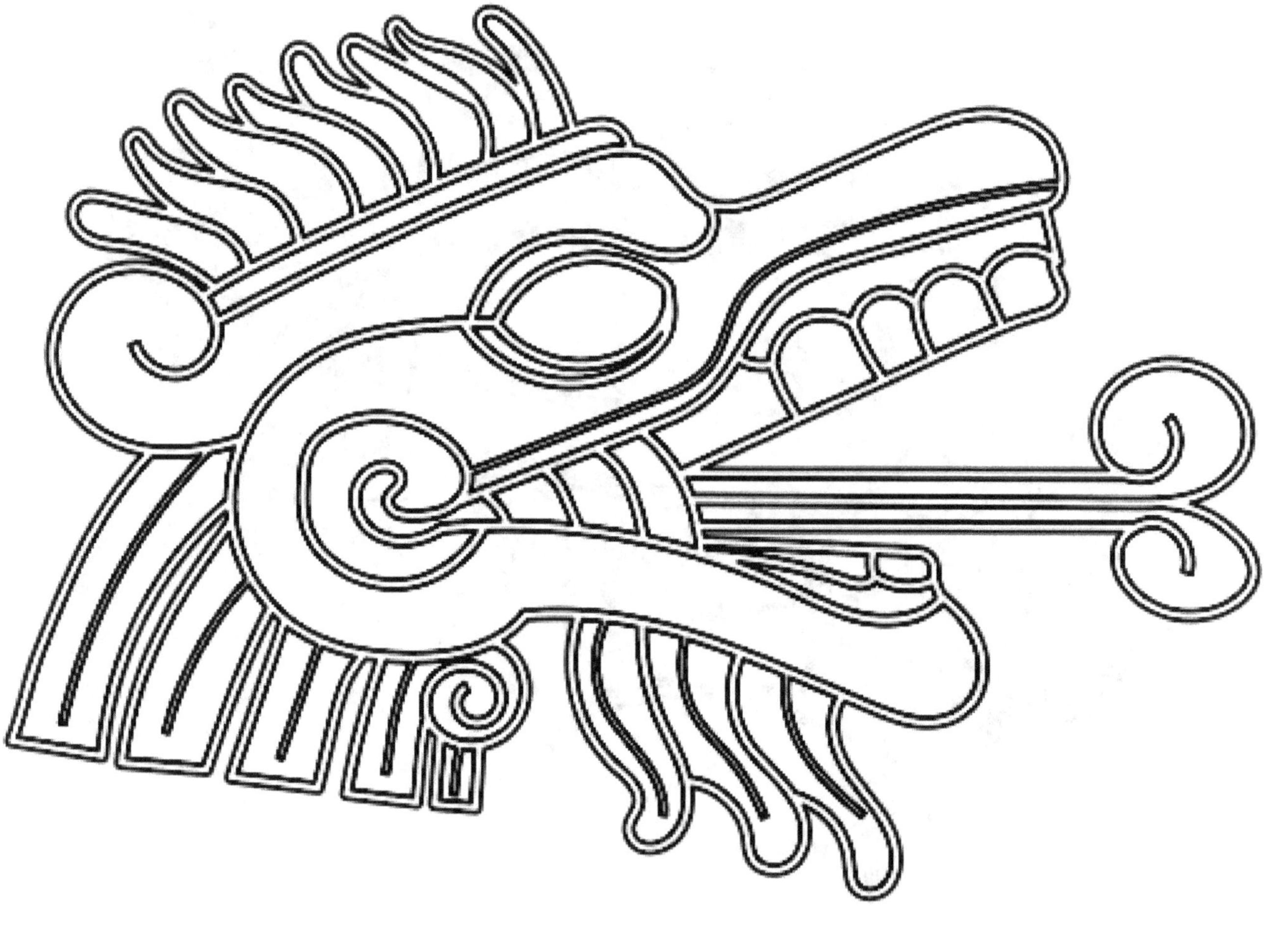

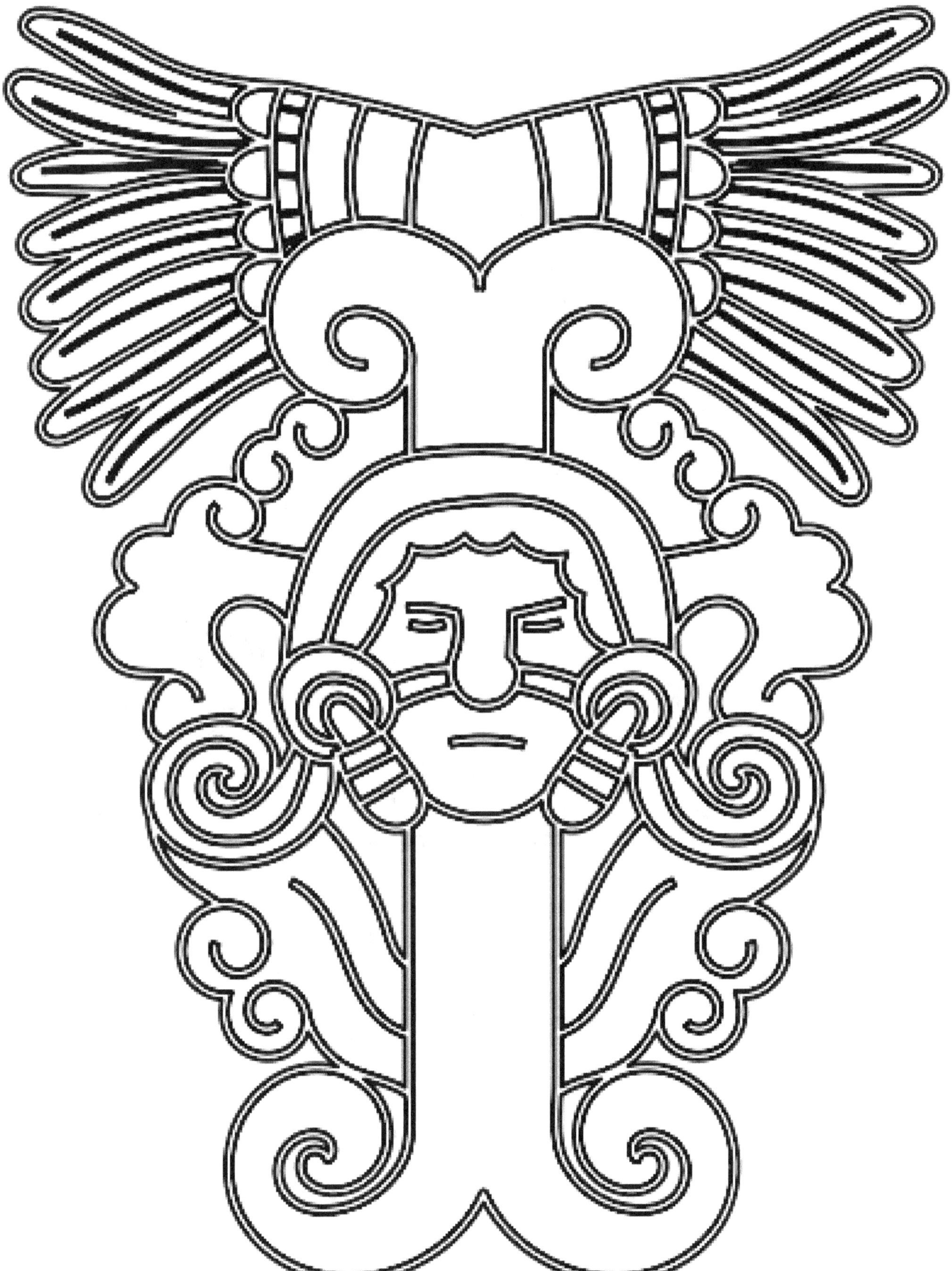

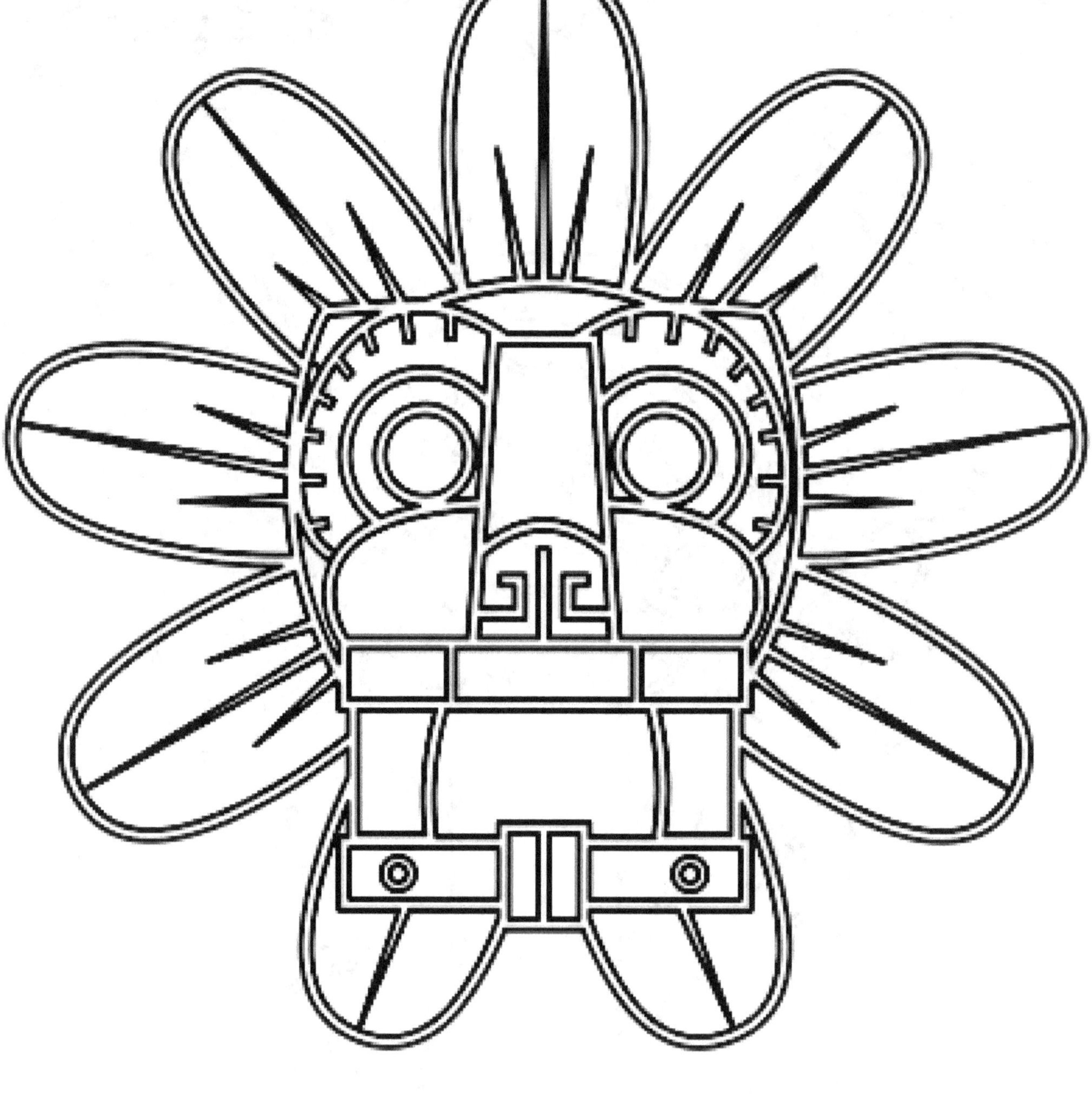

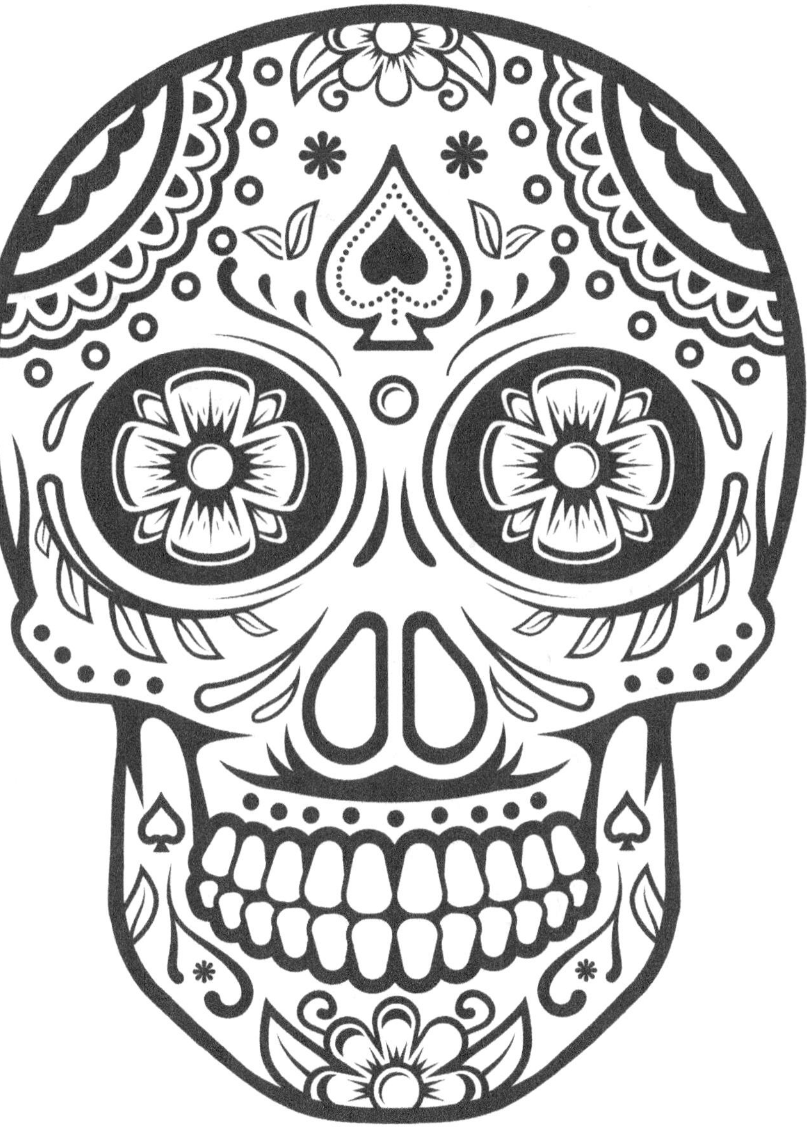

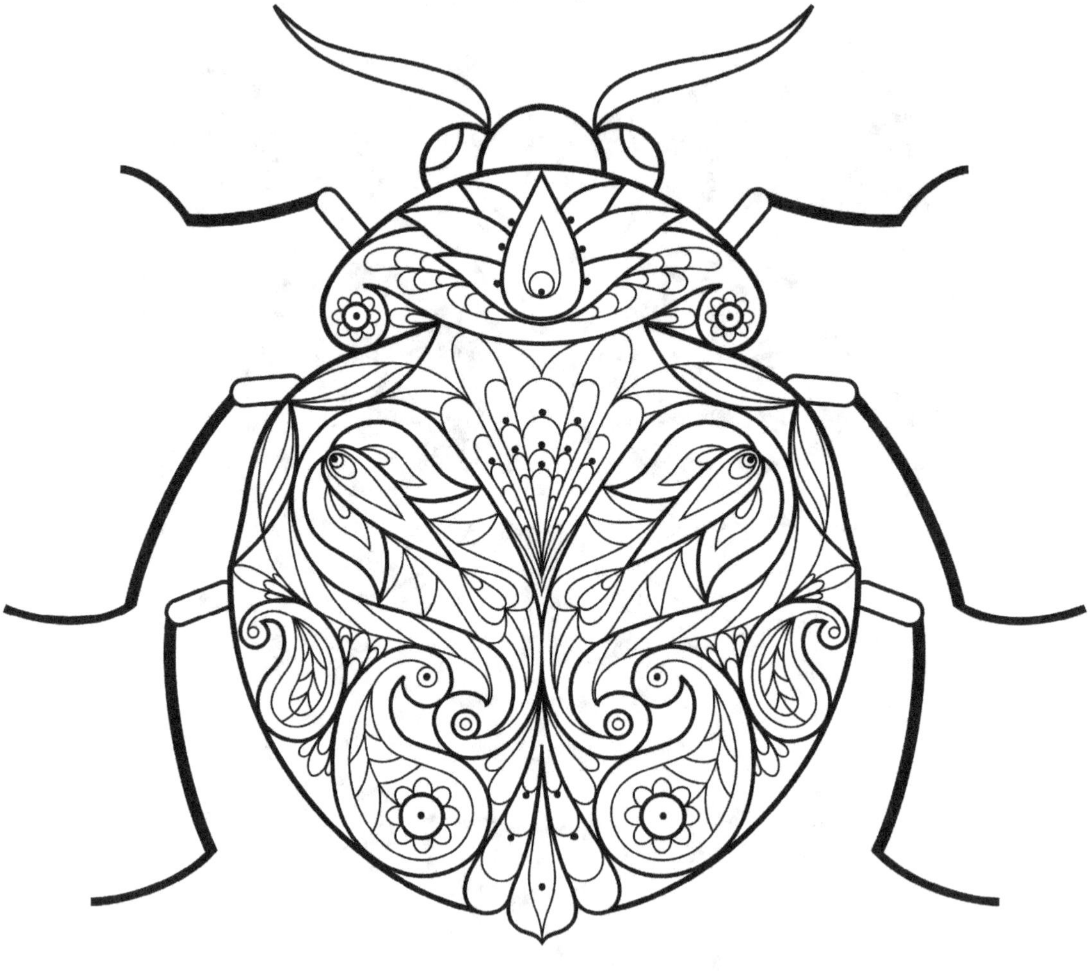

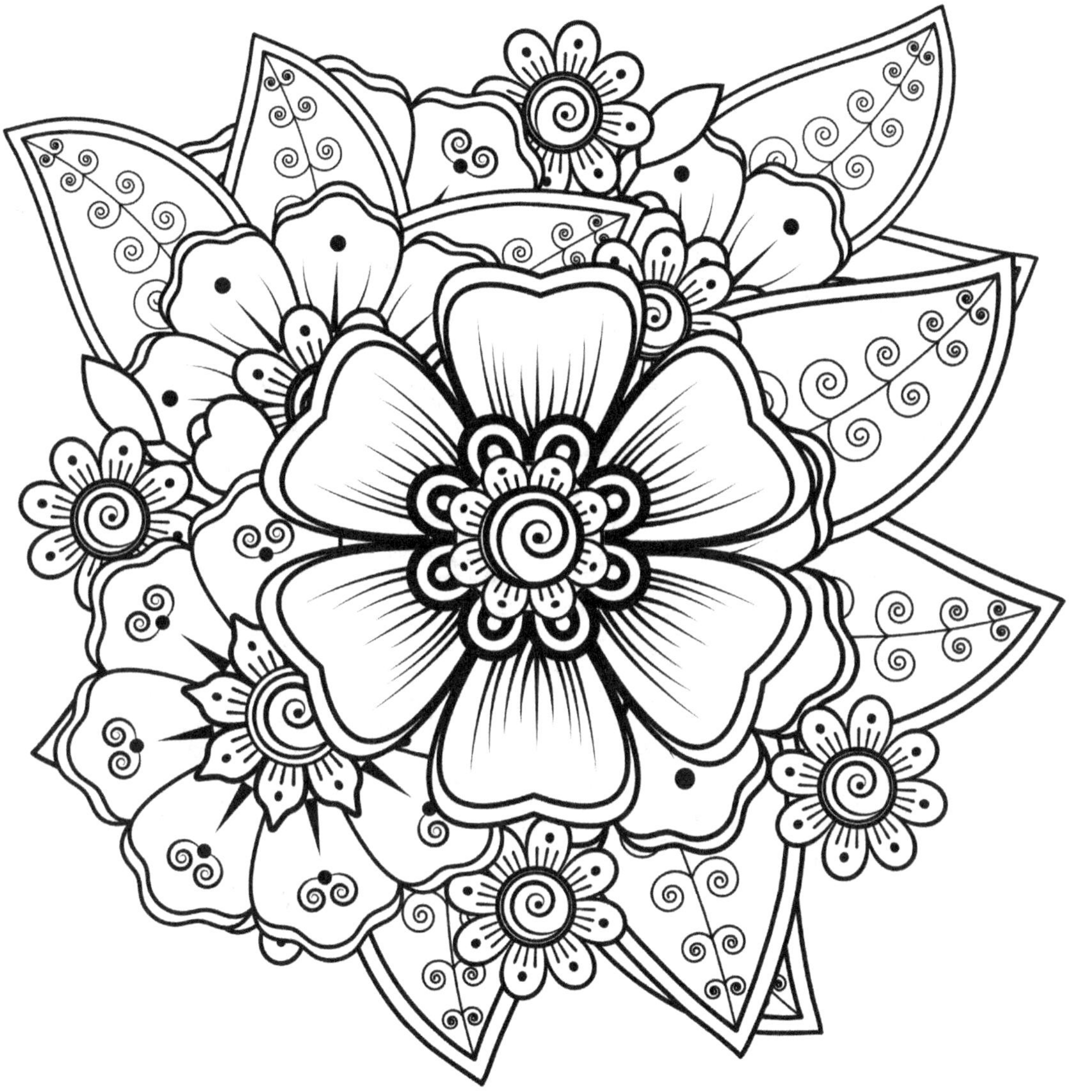

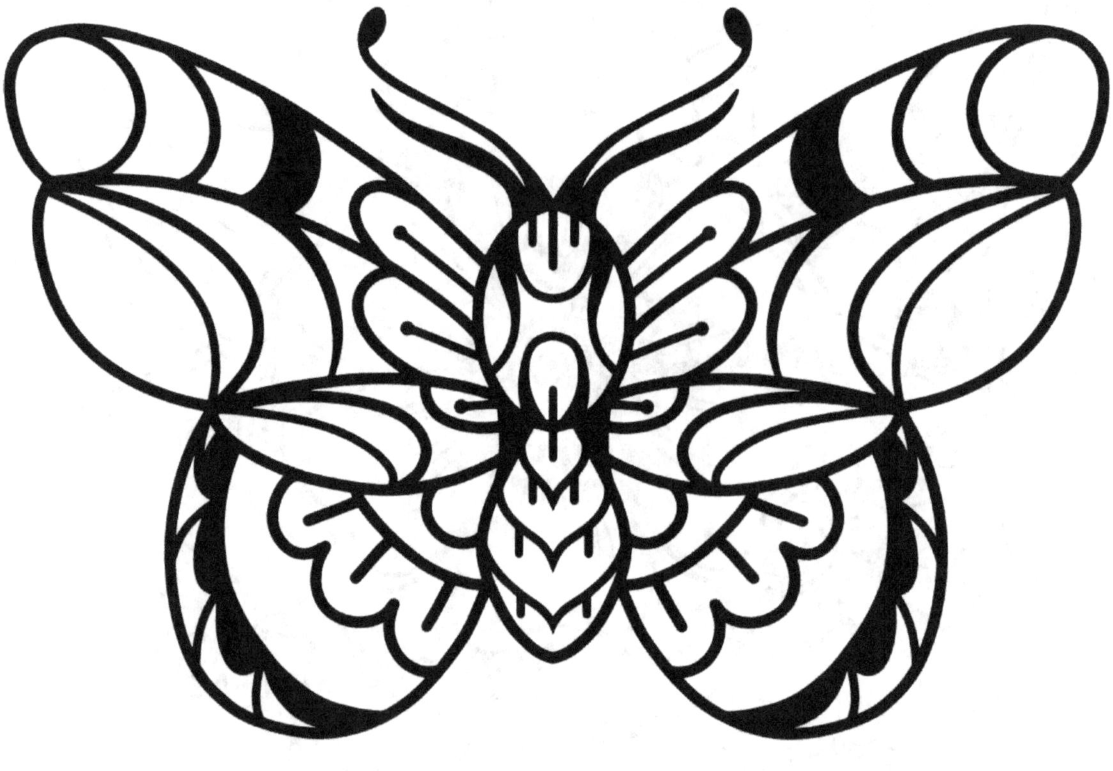

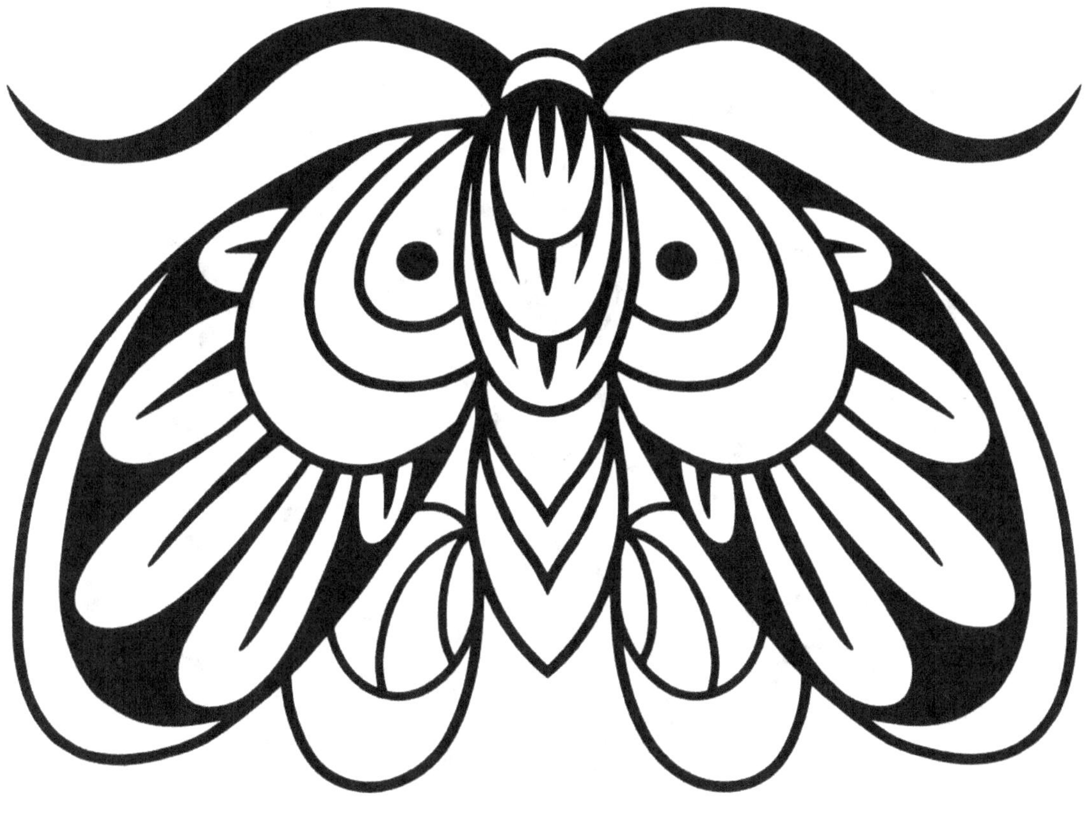

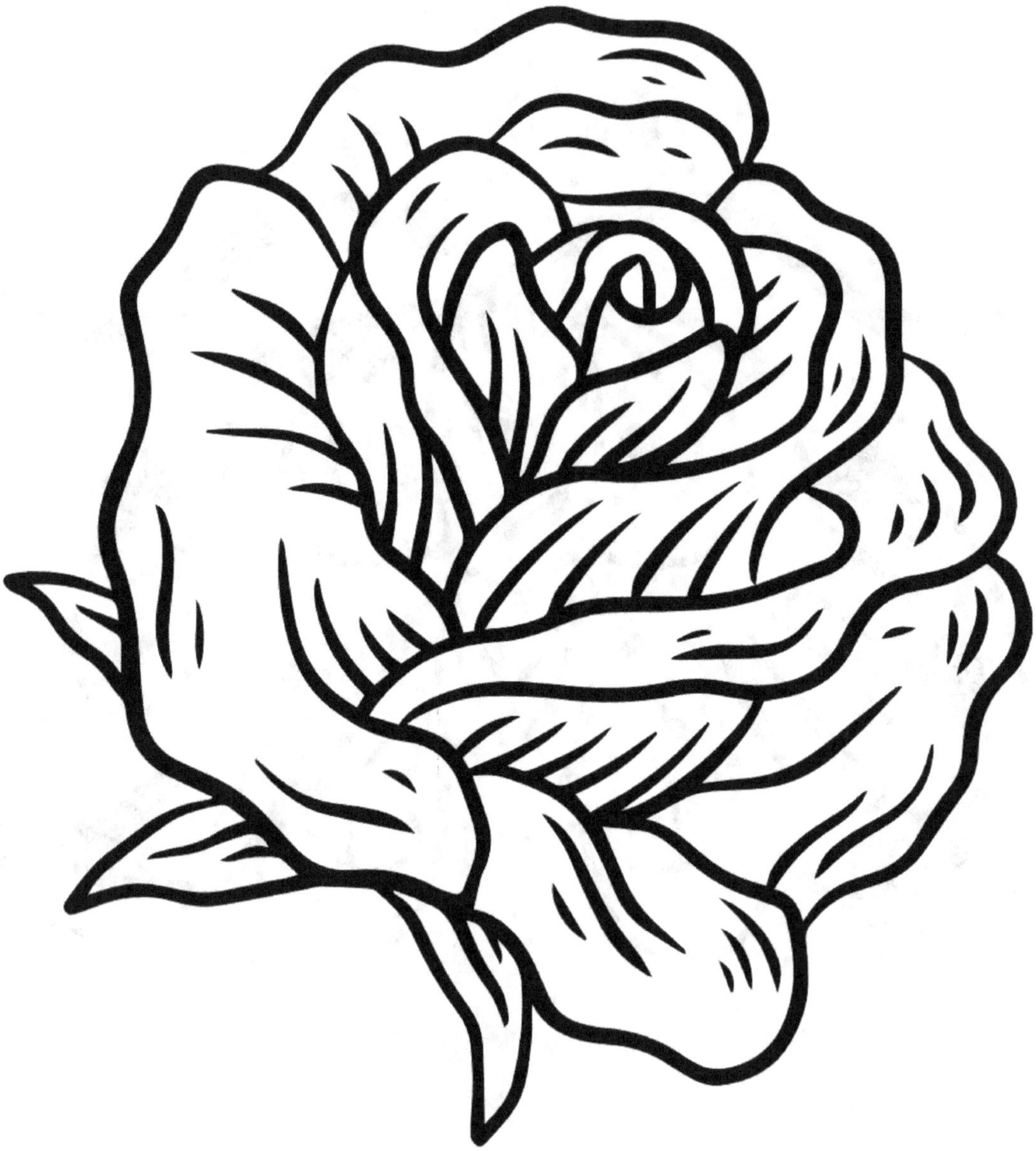

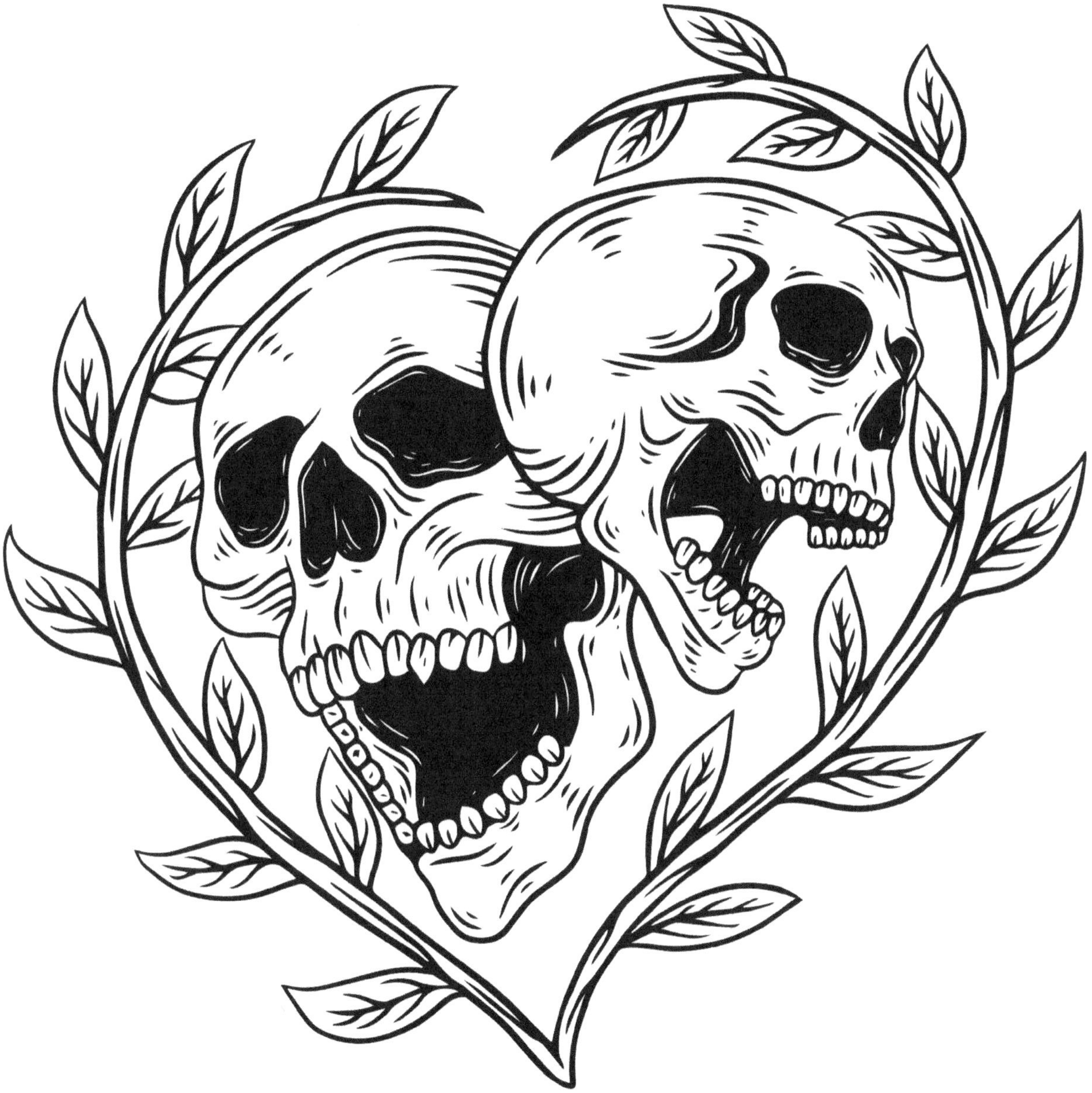

www.ingramcontent.com/pod-product-compliance
Lightning Source LLC
Chambersburg PA
CBHW081525220526
45467CB00010B/3051
* 9 7 9 8 3 9 2 0 4 3 8 4 2 *